Josh y Sean McDowell

Más que un carpintero

D1555812

Josh y Sean McDowell

Más que un carpintero

En un español internacional
fácil de leer, con un vocabulario
de palabras básicas en español.

Unilit

Publicado por
Unilit
Medley, FL 33166

© 2017 Editorial Unilit
Primera edición en español internacional

© 1977, 2004, 2009 por *Josh McDowell.*
Originalmente publicado en inglés con el título:
More Than a Carpenter in International English
Publicado por: *Gospel Publishing Mission,* Box 1065, Hobe Sound, FL 33475
www.gospelpublishingmission.org
Josh McDowell Ministry, PO BOX 131000, Dallas, TX 75313
www.josh.org

Traducción del texto original al español internacional: *Nancy Pineda*
Diseño de la cubierta e interior: *Alicia Mejias, BGG Designs*
Fotografía de la cubierta: © *2016, shutterstock.com*

Categoría: *Cristianismo / Teología / Apologética*
Producto: 497046
ISBN: 0-7899-2346-7 / 978-0-7899-2346-2

Impreso en China
Printed in China

CONTENIDO

Dedicado a honrar
la memoria del
Dr. Ralph Woodworth
y su señora

La reescritura en inglés internacional
de esta edición revisada de *Más que un
carpintero* fue su último proyecto
terminado para *Gospel Publishing
Mission*. Como equipo, su excelencia
en la escritura fue sin igual. Trabajaron
con sumo cuidado para perfeccionar
su don para expresar pensamientos
con palabras que honraran a Cristo
y no a sí mismos. Solo en el
cielo nos enteraremos de las
miles de almas en las que
influyeron para Cristo.

MI HISTORIA

Tomás de Aquino escribió que en cada alma hay un deseo por felicidad y significado. Cuando yo era niño, quería ser feliz. Quería que mi vida tuviera significado. A menudo pensaba en estas tres preguntas importantes que muchas personas se han hecho: ¿Quién soy yo? ¿Por qué estoy aquí? ¿Adónde voy? Quería respuestas, así que me puse a buscarlas.

Donde crecía, todo el mundo parecía ser religioso, así que pensaba que podría encontrar mis respuestas en la iglesia. Comencé a ir a la iglesia cada vez que se abrían las puertas. Sin embargo, debí haber escogido mal la iglesia porque me sentía peor en la iglesia que fuera de ella. Al crecer en una granja, aprendí que cuando algo no da resultado, dejas de hacerlo. Así que dejé de ir a la iglesia.

Entonces pensé que la educación podría tener las respuestas para mi búsqueda de significado, así que fui a la universidad. Pronto me convertí en el estudiante menos popular con los profesores. Los buscaba en sus oficinas y les hacía mis preguntas. En seguida se cansaron de tratar de responder mis preguntas y empezaron a esconderse de mí. Uno puede aprender muchas cosas en la universidad, pero yo no encontraba las respuestas que estaba buscando. Me di cuenta de que los profesores y mis compañeros de estudio tenían tantas preguntas como yo. Y nadie parecía tener ninguna respuesta.

Un día vi a un estudiante que vestía una camiseta con un letrero: «No me sigas. Estoy perdido». Esa me parecía ser la imagen de todo el mundo en la universidad. Decidí que la educación no era la respuesta.

Comencé a pensar que quizá encontraría felicidad y significado en la vida al convertirme en popular. Descubriría una noble causa y la haría la cosa más importante de mi vida. Pensaba que de esa manera todos me llegarían a conocer en la universidad. Las personas más populares en la universidad eran los líderes de los estudiantes. También eran los que controlaban el dinero. Así que me eligieron para algunos cargos estudiantiles. Fue fantástico conocer a todos en la universidad. Disfrutaba al tomar decisiones importantes. Era genial gastar el dinero de la universidad para los oradores que quería. Era fabuloso gastar el dinero de los estudiantes para las fiestas.

Todo eso era estupendo, pero el entusiasmo no duraba. Cuando me levantaba los lunes por la mañana, casi siempre tenía dolor de cabeza debido a la noche anterior. Detestaba tener que enfrentar otros cinco días de clases. Sufría de lunes a viernes, viviendo solo para las fiestas los viernes, sábados y domingos por la noche.

No quería que la gente viera que mi vida no tenía significado. Era demasiado orgulloso para eso. Todo el mundo pensaba que era el hombre más feliz de la universidad. Nunca supieron que mi felicidad era falsa. Dependía de lo que iba pasando en mi vida. Si las cosas iban fantásticas, me sentía fantástico. Si las cosas iban terribles, me sentía terrible. Solo que no lo demostraba.

Era como un barco en alta mar, lanzado de un lado a otro por el movimiento del agua. No tenía dirección ni control. Sin embargo, no podía encontrar a alguien que pudiera hablarme de una manera mejor para vivir. Era infeliz. No, era peor que eso. Hay un término duro que describe la vida que estaba viviendo: infierno.

Por ese entonces, vi a un pequeño grupo de personas que parecían diferentes a los demás. Solo había ocho estudiantes y dos maestros en el grupo. Parecía que sabían quiénes eran y a dónde iban. Y tenían fuertes creencias. No es muy común encontrar personas con fuertes creencias. Me gusta estar cerca de ellas. Pienso bien de las personas que creen en algo y toman una posición por eso, aunque no esté de acuerdo con sus creencias.

Me resultaba claro que esas personas tenían algo que no tenía yo. No podía entender por qué eran tan felices. Y su felicidad no venía y se iba como la mía. Estaban siempre felices. Su gozo parecía estar en lo profundo de ellos, y yo me preguntaba de dónde venía.

Entonces vi otra cosa en esas personas. La manera en que se sentían entre sí era diferente. En verdad, se amaban los unos a los otros. Y no solo entre sí, sino que amaban a la gente fuera de su grupo también. No quiero decir que solo hablaban sobre el amor. Se involucraban en la vida de las personas, ayudándolas en sus necesidades y problemas. Todo era muy extraño para mí, pero me llevaba a ellos.

Como casi todo el mundo, cuando veo algo que quiero pero no lo tengo, comienzo a buscar la forma de conseguirlo. Así que decidí hacerme amigo de esas personas poco comunes.

Alrededor de dos semanas más tarde, me senté a la mesa para hablar con algunos de los miembros de este grupo. Nuestra conversación se ocupó de la idea de Dios. Me recosté en mi silla y dije: «El cristianismo, ¡bah! Eso es solo para la gente débil que no piensa muy bien» En realidad, quería lo que tenía esta gente. Sin embargo, era tan orgulloso que no deseaba que supieran lo mucho que quería y necesitaba lo que tenían ellos. No quería hablar acerca de Dios, pero no podía dejar de hacerlo tampoco. Así que me volví hacia una de las estudiantes, una mujer muy bonita (solía pensar que las no cristianas eran bonitas). Le pregunté:

—Dime, ¿por qué eres tan diferente a todos los otros estudiantes y profesores en la universidad? ¿Qué cambió tu vida?

Me miró directo a los ojos, muy seria, y dijo una palabra que nunca esperé escuchar en una discusión inteligente en una universidad:

—Jesucristo.

—¿Jesucristo? —dije—. Ah, no me hables de ese tipo de tontería. Estoy cansado de la religión. Estoy cansado de la iglesia y de la Biblia.

—Yo no dije *religión* —respondió en seguida—. ¡Yo dije Jesucristo!

Sus palabras me hicieron pensar en algo que nunca antes había pensado. El cristianismo no es una religión. La religión es la gente que intenta abrirse camino hacia Dios a través de las buenas obras. El cristianismo es Dios que viene a los hombres y mujeres por medio de Jesucristo.

Sin embargo, no iba a aceptar esa idea. Ni por un minuto. Sorprendido por las palabras de la joven, le dije que sentía la forma en que había actuado.

—Pero estoy cansado de la religión y los religiosos —le expliqué—. No quiero tener nada que ver con ellos.

Entonces, mis nuevos amigos me lanzaron una pregunta que me sorprendió de veras. Me preguntaron si haría un examen completo y cuidadoso de las cosas que la Biblia dice acerca de Jesucristo. Dice que Él es el Hijo de Dios. Dice que vino en un cuerpo humano y vivió entre hombres y mujeres reales. Dice que estuvo muerto por tres días y después resucitó. Dice que Él sigue vivo y puede cambiar la vida de una persona incluso hoy.

Pensé que era una broma. Todo el mundo con algo de sentido sabe que el cristianismo está basado en una historia que alguien inventó hace mucho tiempo. Pensaba que solo un tonto podía creer la historia de que Cristo resucitó de los muertos. Estaba acostumbrado a esperar por los cristianos para que hablaran en clase, así podía demostrar lo tontos que eran. Pensaba que si una persona tenía un poco de cerebro, no podía creer en tales cosas.

Sin embargo, acepté hacer lo que dijeron mis amigos solo para probarles que estaban equivocados. Estaba seguro de que la historia cristiana no resistiría la evidencia. Yo planeaba ser abogado, y sabía algo acerca de la evidencia. Investigaría por completo las afirmaciones del cristianismo, y después regresaría y les mostraría a mis amigos que su religión no era cierta.

Decidí comenzar con la Biblia. Sabía que si podía encontrar una clara evidencia de que no se podía confiar en la Biblia, el cristianismo caería. Sin duda, los cristianos podían mostrarme con la Biblia que Cristo nació de una mujer sin un hombre. Podían mostrarme que Él hizo milagros y que resucitó de los muertos. Aun así, ¿de qué sirve eso? Si podía demostrar que no se podía confiar en la Biblia, podía demostrar que el cristianismo era falso.

Tomé la tarea en serio. Pasé meses de estudio. Hasta dejé por un tiempo la escuela para estudiar en las grandes bibliotecas de Europa. Y encontré evidencia, mucha evidencia. Encontré evidencia que no hubiera creído si no la hubiera visto con mis propios ojos. Al final, pude llegar a una sola conclusión: la Biblia es el libro más confiable que se escribiera jamás. Y si se puede confiar en la Biblia, ¿qué me dices de este hombre Jesús? Pensaba que era un simple carpintero de un apartado pueblo en un pequeño país bajo el control extranjero. Pensaba que era un hombre atrapado en sus propios sueños de grandeza. Tuve que admitir que Jesucristo era más que un carpintero. Tenía que ser todo lo que dice la Biblia que es.

No solo mi estudio me cambió por completo, sino que también me respondió las preguntas que comencé en mi búsqueda por felicidad y significado. Te hablaré acerca de eso al final de este libro. Primero, quiero contarte las partes más importantes de lo que aprendí en mis meses de estudio. Después tú, también, quizá veas que el cristianismo no solo es una historia que se transmite a personas sencillas. Es una sólida verdad. Además, te garantizo que cuando aceptes esa verdad, estarás a las puertas de encontrar las respuestas a estas tres preguntas: ¿Quién soy yo? ¿Por qué estoy aquí? ¿Adónde voy?

Capítulo
2

¿QUÉ HACE A JESÚS TAN DIFERENTE?

Algún tiempo después de lo que aprendí de la Biblia y el cristianismo, viajé en taxi a Londres. Sucedió que dije algo acerca de Jesús. El chofer dijo: «No quiero discutir de religión, en especial de Jesús». No pude sino pensar en la vez que la joven me dijo que Jesucristo había cambiado su vida. El nombre mismo de *Jesús* parece molestar a las personas. Las enoja o las hace que quieran hablar acerca de algo diferente. A la mayoría de la gente se le puede hablar de Dios, pero si hablas de Jesús, quiere dejar la conversación.

¿Por qué los nombres de Buda, Mahoma o Confucio no molestan a las personas de la manera que lo hace el nombre de Jesús? Pienso que se debe a que esos otros líderes religiosos no afirmaron ser Dios. A las personas que conocían a Jesús no les llevó mucho tiempo darse cuenta de que este carpintero de Nazaret hacía sorprendentes afirmaciones sobre sí mismo. Quedaba claro que estas afirmaciones lo diferenciaban como algo más que un profeta o un maestro. Él dijo ser Dios. Reclamó para sí el poder de perdonar pecados, algo que los judíos sabían que solo podía hacer Dios.

Para muchas personas hoy en día, la afirmación de Jesús de ser el Hijo de Dios es más de la cuenta. En nuestra cultura, ninguna religión tiene el derecho a hacer tales afirmaciones. La gente no quiere creerlo. Sin embargo, el problema no es lo que queremos creer, sino más bien, ¿quién dice ser Jesús y si es cierta su afirmación? Eso es lo que yo quería aprender cuando me lancé a probar que no se podía confiar en la Biblia.

Comencé por explorar todo lo que podía acerca del Nuevo Testamento, a fin de ver si podía ser cierto. Empecé a estudiar para solo ver lo que significaba con exactitud la afirmación de que Jesucristo es Dios.

Augustus H. Strong describió a Dios como el «infinito y perfecto espíritu en quien todas las cosas tienen su principio, existencia y fin»[1]. Esta manera de describir a Dios no solo la aceptan los cristianos, sino todos los que creen en un solo Dios, incluyendo musulmanes y judíos. Estas tres religiones enseñan que Dios es personal y que Él planeó y creó el universo. Dicen que Dios todavía gobierna el universo. Aun así, los cristianos añaden algo más para describir a Dios. Dicen que Dios se hizo Hombre en Jesús de Nazaret.

La palabra «Jesucristo» no es el nombre y el apellido. Es un nombre y un título. El nombre «Jesús» se deriva de la forma griega del nombre Yeshúa o Josué, que significa «Jehová es salvación» o «el Señor salva». El título «Cristo» viene de la palabra griega para Mesías (o la hebrea *Mashîaj*, lee Daniel 9:26) y significa «apartado para uso santo». Los dos oficios, rey y sacerdote, se indican en el uso del título «Cristo». El título dice que Jesús era el sacerdote y rey prometido en el Antiguo Testamento. Esto es importante para comprender como es debido a Jesús y al cristianismo.

El Nuevo Testamento describe con claridad a Cristo como Dios. La mayoría de los nombres dados a Cristo son nombres que le pertenecen solo a Dios. Por ejemplo, a Jesús se le llama Dios en esta oración: «Mientras aguardamos la bendita esperanza, es decir, la gloriosa venida de nuestro gran Dios y Salvador Jesucristo» (Tito 2:13; lee también Juan 1:1; Romanos 9:5; Hebreos 1:8; 1 Juan 5:20-21). Las Escrituras describen a Jesús con existencia propia (Juan 1:2; 8:58; 17:5; 17:24), presente en todas partes (Mateo 18:20; 28:20), todo lo sabe (Mateo 17:22-27; Juan 4:16-18; 6:64), todopoderoso (Mateo 8:26-27; Lucas 4:38-41; 7:14-15; 8:24-25; Apocalipsis 1:8); y que tiene vida que nunca termina (1 Juan 5:11-12, 20). Todo esto es verdad solamente de Dios.

Jesús recibió la honra y la adoración que solo debe recibir Dios. Cuando Satanás vino a tentarlo, Jesús le dijo: «La Biblia dice: "Adoren a Dios y obedézcanlo solo a él"» (Mateo 4:10, TLA). Sin embargo, Jesús recibió adoración como Dios (Mateo 14:33; 28:9). Algunas veces hasta dijo que la gente debía adorarlo a Él como Dios (Juan 5:23; Hebreos 1:6; Apocalipsis 5:8-14). La mayoría de los primeros discípulos de Jesús eran judíos muy religiosos que creían en un Dios verdadero. No obstante, como muestran los siguientes ejemplos, lo aceptaron como Dios en forma humana.

El apóstol Pablo estaba muy preparado para ser maestro de los judíos. Sería la última persona que uno esperaría que llamara Señor a Jesús y lo adorara como Dios. Aun así, eso fue lo que hizo Pablo con exactitud. Llamó a Jesús Dios cuando dijo: «Alimenten y pastoreen al rebaño de Dios —su iglesia, comprada con su propia sangre» (Hechos 20:28, NTV).

Después que Jesús les preguntó a sus discípulos quién pensaban que era Él, Simón Pedro confesó: «Tú eres el Cristo, el Hijo del Dios viviente» (Mateo 16:10). Jesús no dijo que Pedro estaba equivocado. Es más, Él dijo: «Dichoso tú, Simón, hijo de Jonás, porque esto no lo conociste por medios humanos, sino porque te lo reveló mi Padre que está en el cielo» (Mateo 16:17, DHH).

Marta, una amiga cercana a Jesús, dijo de Él: «Sí, Señor; yo creo que tú eres el Cristo, el Hijo de Dios» (Juan 11:27). Luego está Natanael, quien no creía que nada bueno podía salir de Nazaret, la ciudad natal de Jesús. Él le dijo a Jesús: «Maestro, ¡tú eres el Hijo de Dios, tú eres el Rey de Israel!» (Juan 1:49, DHH). Mientras que a Esteban, el primer mártir cristiano, lo asesinaban, clamó y dijo: «Señor Jesús, recibe mi espíritu» (Hechos 7:59, DHH). El escritor del libro de Hebreos llamó Dios a Cristo cuando escribe: «Al Hijo le dice: "Tu trono, oh Dios, permanece por siempre y para siempre"» (Hebreos 1:8, NTV).

Entonces tenemos a Tomás. Cuando Jesús regresó de entre los muertos, Tomás no quiso creer el informe de los otros discípulos. Dijo: «No creeré nada de lo que me dicen, hasta que vea las marcas de los clavos en sus manos y meta mi dedo en ellas, y ponga mi mano en la herida de su costado» (Juan 20:25, TLA). Lo que decía era: «Mira, no todos los días alguien resucita de los muertos ni dice ser Dios en forma humana. Si esperas que me lo crea, necesito pruebas».

Ocho días más tarde, Jesús se les apareció sin previo aviso. «Le dijo a Tomás: "Mira mis manos y mi costado, y mete tus dedos en las heridas. Y

en vez de dudar, debes creer"» (Juan 20:27, TLA).
Jesús aceptó lo que le dijo Tomás: «¡Señor mío y
Dios mío!"» (Juan 20:28). No regañó a Tomás por
su adoración, sino que lo regañó por no creer.

En este momento, alguien podría protestar
porque todas estas afirmaciones sobre Cristo
las hicieron otros, no Cristo sobre sí mismo. Se
podría decir que la gente que vivió en la época
de Cristo no lo entendía como mucha gente no
lo entiende hoy. Tal vez la gente dijera que era
Dios, pero en realidad no decía eso de Él mismo.
Bueno, cuando profundizamos en las páginas del
Nuevo Testamento, encontramos que Cristo hizo
esta afirmación de sí mismo. Hay muchos lugares
donde Cristo dijo ser Dios, y su significado está
claro.

Cierto hombre de negocios buscó en las
Escrituras para ver si Jesús decía ser Dios. Al final
de su búsqueda, dijo que cualquiera que lea el
Nuevo Testamento debe ver que Jesús afirmó ser
Dios. Dijo que si no ven eso, sería tan ciego como
un hombre parado al aire libre en un día claro y
dijera que no puede ver el sol.

En el Evangelio de Juan tenemos un informe
de una discusión entre Jesús y un grupo de judíos.
La discusión comenzó cuando Jesús sanó a un
hombre el sábado. (Los judíos no permitían que
nadie trabajara los sábados). Los judíos acusaron

a Jesús de romper la ley del sábado. «Jesús les dijo: "Mi Padre nunca deja de trabajar, ni yo tampoco"» (Juan 5:17, TLA). Por lo que los judíos trataron de matarlo, tanto porque Él sanó en sábado y porque llamaba a Dios su Padre. Entendieron que Jesús se hacía igual con Dios.

Quizá digas: «Mira, Josh, no puedo ver cómo esto prueba algo. Jesús llamó a Dios su Padre. ¿Y qué? Todos los cristianos llaman a Dios su Padre, pero esto no significa que afirmen ser Dios».

Los judíos de la época de Jesús escucharon en las palabras de Jesús un significado que no está claro para nosotros. Siempre que estudiamos un documento, debemos tener en cuenta el idioma, la cultura y, en especial, la persona o las personas involucradas. En este caso, la cultura era judía, y los involucrados eran líderes religiosos judíos. En realidad, algo acerca de lo que dijo Jesús los enojó. ¿Qué podría haber dicho que los enojó tanto que querían matarlo? Revisemos la historia para ver cómo los judíos entendieron lo que estaba diciendo Jesús.

Su problema fue que Jesús dijo «Mi Padre», no «nuestro Padre». Por las reglas de su idioma, cuando Jesús dijo «Mi Padre», afirmaba ser igual con Dios. Los judíos no hablan de Dios como «mi Padre». O si lo hacen, siempre les añadirían palabras tales como «en el cielo». Sin embargo,

Jesús no añadió esas palabras. Hizo una afirmación que los judíos no podrían interpretar mal cuando llamó a Dios «Mi Padre».

Jesús empeoró la situación cuando dijo: «Mi Padre nunca deja de trabajar, ni yo tampoco». Los judíos entendieron que Jesús estaba haciendo su trabajo en igualdad con Dios. Repito, entendían que Él afirmaba ser el Hijo de Dios. Como resultado, lo odiaron aún más. Hasta ese momento lo habían estado buscando solo para castigarlo, pero pronto comenzaron a hacer planes para matarlo.

No solo Jesús afirmó ser igual con Dios como su Padre, sino que también dijo que Él era uno con el Padre. Durante la Fiesta de la Dedicación en Jerusalén, algunos de los líderes judíos se le acercaron a Jesús y le preguntaron si Él era el Cristo. Jesús terminó con sus comentarios al decirles: «Mi Padre y yo somos uno solo» (Juan 10:30, TLA). «Los judíos volvieron a tomar piedras para tirárselas, pero Jesús les dijo: "Por el poder de mi Padre he hecho muchas cosas buenas delante de ustedes; ¿por cuál de ellas me van a apedrear?"» (Juan 10:31-32, DHH).

Uno podría preguntarse por qué los judíos se oponían con tanta fuerza a lo que Jesús decía acerca de ser uno con el Padre. La forma en que las palabras están en el idioma griego nos da una respuesta. A.T. Robertson, el mejor experto en griego de su época, escribió que en griego la palabra «uno» aquí no significa uno en persona ni uno en propósito. Significa uno en naturaleza. Robertson dijo que es el punto más alto de la declaración de Cristo acerca de la relación entre el Padre y Él mismo [el Hijo]. Eso fue lo que causó la ira incontrolable de los fariseos, añadió Robertson[2].

Está claro que con esas palabras los judíos se dieron cuenta que Jesús afirmaba ser Dios. Por esto, Leon Morris, ex director del Ridley College, Melbourne, escribe que los judíos solo podían considerar las palabras de Jesús como palabras contra Dios, y tomaron la justicia en sus propias manos. Morris señaló que la Ley decía que las palabras dichas contra Dios se castigaban con la muerte a pedradas (Levítico 24:16, TLA). Sin embargo, estos hombres no permitían que la ley se hiciera cumplir de la manera en que la Ley misma decía que debía hacerse. Ellos no preparaban una acusación contra Jesús a fin de que el tribunal tomara las medidas necesarias. Morris terminó diciendo que los judíos, en su ira, se preparaban para ser los jueces y para llevar a cabo la pena de muerte por su cuenta[3].

Debemos preguntarnos si los judíos se detuvieron a pensar si la afirmación de Jesús era verdad.

A menudo, Jesús decía de sí mismo que era uno en naturaleza con Dios. Dijo: «Si me conocieran a mí, también conocerían a mi Padre» (Juan 8:19, DHH). «El que me ve a mí, ve al que me envió» (Juan 12:45). «El que me aborrece a mí, también aborrece a mi Padre» (Juan 15:23). «Todos honren al Hijo así como honran al Padre. El que no honra al Hijo ciertamente tampoco honra al Padre que lo envió» (Juan 5:23, NTV).

Estos versículos muestran que Jesús sabía que Él era más que un simple hombre. Afirmaba ser igual con Dios. Los que dicen que Jesús solo conocía a Dios mejor que otros necesitan considerar lo que dijo Él. Dijo que si te niegas a honrar al Hijo, de seguro que no honras al Padre que lo envió.

Mientras daba una conferencia en una clase en una universidad en Virginia Occidental, el profesor me interrumpió. Dijo que el Evangelio de Juan es el único en el que Jesús afirmó ser Dios. Y Juan fue el último Evangelio que se escribió. Marcos, el primer Evangelio escrito, nunca hace esa afirmación. El profesor estaba sugiriendo que Juan añadió la afirmación que Jesús jamás hizo acerca de sí mismo. En realidad, el profesor simplemente no había leído Marcos con cuidado.

Me dirigí al lugar del Evangelio de Marcos donde Jesús afirmaba que era capaz de perdonar pecados. «Cuando Jesús vio la fe que tenían, le dijo al enfermo: "Hijo mío, tus pecados quedan perdonados"» (Marcos 2:5, DHH; lee también Lucas 7:48-50). Isaías 43:25 dice que solo Dios puede perdonar pecados. Cuando los maestros de la Ley escucharon a Jesús perdonando los pecados del hombre, preguntaron: «¿Cómo se atreve este a hablar así? Sus palabras son una ofensa contra Dios. Solo Dios puede perdonar pecados» (Marcos 2:7, DHH). Jesús les preguntó: «¿Qué es más fácil, decirle al paralítico: "Tus pecados son perdonados", o decirle: "Levántate, toma tu camilla y anda"? (Marcos 2:9)».

El *Comentario Bíblico Wycliffe* dice que esta es una pregunta que no puede responderse[4]. Un hombre puede decir las dos cosas, pero solo Dios puede hacer cualquiera de ellas. Un hombre falso, por supuesto, encontraría más fácil la primera, puesto que nadie podía ver si lo que decía era cierto. Jesús sanó al enfermo para que los hombres supieran que Él tenía el derecho de perdonar pecados también.

Lewis Sperry Chafer, fundador y primer presidente del Seminario Teológico de Dallas, escribió que ningún hombre tiene la autoridad ni el derecho para perdonar pecados. Nadie puede perdonar pecados excepto el Único contra quien todos hemos pecado, dijo Chafer. Cuando Cristo perdonó el pecado, Él no hacía algo que le pertenecía a los hombres. Puesto que nadie, sino Dios, puede perdonar pecados, lo cierto es que Cristo es Dios, ya que Él perdonó pecados, dijo Chafer[5].

Esta idea del perdón me molestó por mucho tiempo porque no la entendía. Un día en una clase de la universidad usé Marcos 2:5 para responder una pregunta acerca de Jesús como Dios. Un estudiante se opuso a mi afirmación de que el perdón de pecados de Cristo demostraba que Él es Dios. Dijo que él podía perdonar a la gente sin decir que era Dios. La gente lo hace a cada momento, dijo.

Mientras pensaba acerca de lo que decía el estudiante, la respuesta me vino de repente. Sí, uno puede decir: «Te perdono», pero solo si esa persona es la que pecó en nuestra contra. Si tú pecas contra mí, tengo el derecho de perdonarte. En cambio, si tú pecas contra otra persona, no puedes perdonarte. El hombre enfermo en la historia no había pecado contra el hombre Jesús. Él y Jesús no se habían visto nunca antes el uno al otro. El enfermo había pecado contra Dios. Entonces vino Jesús y dijo: «Tus pecados son perdonados». Jesús perdonó pecados contra Dios y por eso Jesús afirmaba ser Dios.

Otra situación en la que Jesús afirmó ser el Hijo de Dios fue en su juicio. El registro de ese juicio tiene algunas de las afirmaciones más claras que Jesús haya hecho jamás para ser Dios. El sumo sacerdote «se levantó en medio de todos, y preguntó a Jesús: "¿No contestas nada? ¿Qué es esto que están diciendo contra ti?"» (Marcos 14:60, DHH). Cuando Jesús no dijo nada, el sumo sacerdote le preguntó:

—¿Eres el Cristo, el Hijo del Bendito? [...]

—Sí, yo soy —dijo Jesús—. Y ustedes verán al Hijo del hombre sentado a la derecha del Todopoderoso, y viniendo en las nubes del cielo.

Marcos14:61-62

Un cuidadoso estudio de la respuesta de Cristo muestra que Él hizo tres afirmaciones. Él afirmó ser el Hijo del Bendito. Él afirmó que se sentaría a la derecha del Todopoderoso Dios. Y Él afirmó ser el Hijo del Hombre, quien vendría en las nubes del cielo. Cada una de esas afirmaciones podía ser cierta solo de Dios. Juntas, las tres afirmaciones hacen un caso muy fuerte. Los líderes judíos entendieron los tres puntos. El sumo sacerdote respondió rasgándose sus ropas y diciendo: «¿Para qué necesitamos más testigos?» (Marcos 14:63). Lo escucharon por sí mismos de la propia boca de Jesús.

Sir Robert Anderson dirigió una vez una investigación criminal en Scotland Yard. Señaló que ninguna evidencia es más fuerte que las palabras de testigos enemigos. Por eso, el hecho de que Jesús afirmara ser Dios se prueba por lo que hicieron sus enemigos. Debemos recordar que los judíos no eran una tribu de ignorantes. Eran personas muy educadas y religiosas. Fue por este mismo cargo que su muerte la ordenó el más importante tribunal religioso, incluyendo hombres como Gamaliel, un gran maestro judío de esa época[6].

Está claro, entonces, que esta es la verdad que Jesús quería decir de sí mismo. También vemos que los judíos entendían que Él afirmaba ser Dios. En este punto enfrentaban dos posibilidades. O bien debían matarlo debido a su afirmación falsa de ser Dios o Él era Dios en realidad. Sus jueces vieron el asunto con tanta claridad que exigieron que lo mataran. Entonces, mientras Él estaba muriendo, ellos gritaron en su contra, diciendo: «Confió en Dios [...] Pues dijo: "Soy el Hijo de Dios"» (Mateo 27:43, NTV).

H.B. Swete, ex profesor de religión en la Universidad de Cambridge, explicó lo que significaba que el sumo sacerdote se rasgara las ropas. Dijo que la ley no permitía que el sumo sacerdote se rasgara sus ropas por problemas propios (Levítico 10:6; 21:10). Sin embargo, cuando actuaba como juez, dijo Swete, la costumbre exigía que se rasgara sus ropas si escuchaba a alguien hablando contra

Dios. Aun si antes los líderes judíos no tenían evidencia, ahora no necesitaban buscar alguna. El Prisionero había demostrado ser culpable al hacer la afirmación en su propio juicio, dijo Swete[7].

Comenzamos a ver que el juicio de Jesús no era como otros juicios. El abogado Irwin Linton señala que como juicio criminal, el juicio de Jesús era diferente de todos los demás. Otros juicios criminales solo examinan las acciones de una persona, dijo Linton. Este juicio examinó lo que era Jesús. «¿Qué piensan ustedes acerca del Cristo? ¿De quién es hijo?» (Mateo 22:42)[8].

William Jay Gaynor, un juez del Tribunal Supremo de Nueva York, dio un discurso sobre el juicio de Jesús. En esa charla, dijo que el delito por el cual se juzgo a Jesús y se le declaró culpable fue por el delito de hablar en contra de Dios. Eso se aclara en los cuatro Evangelios. Jesús afirmaba que tenía el poder que solo le pertenecía a Dios. Este es un crimen contra Dios para cualquier hombre que diga eso[9].

Por el juicio mismo de Jesús está claro que Él afirmaba ser Dios. Sus jueces entendían que Él hacía esta afirmación. En el día de la muerte de Cristo, sus enemigos admitieron que Él afirmaba ser Dios en forma humana. Los principales sacerdotes, los maestros de la ley religiosa y los ancianos también se burlaban de Jesús. «Salvó a otros —se mofaban—, ¡pero no puede salvarse a sí mismo! Con que es el Rey de Israel, ¿no? ¡Que baje de la cruz ahora mismo y creeremos en él! Confió en Dios, entonces, ¡que Dios lo rescate ahora si lo quiere! Pues dijo: "Soy el Hijo de Dios"» (Mateo 27:41-43, NTV).

¿SEÑOR, MENTIROSO
O LOCO?

Muchas personas piensan de Jesús como un hombre bueno o como un maestro sabio que habló muchas verdades profundas. Sin embargo, no quieren pensar en Él como Dios. Los sabios del mundo a menudo dicen que es la única forma aceptable de pensar acerca de Jesús. Muchas personas solo aceptan lo que dicen esos sabios mundanos. Ellas mismas nunca se molestan por la falsedad de esa forma de pensar.

Jesús afirmó ser Dios, y para Él fue de mucha importancia que los hombres y las mujeres creyeran que Él era Dios. O bien creemos en Él o no creemos. Él no nos dejó ninguna opción para otras maneras de pensar. Cualquiera que dijera lo que Jesús afirmaba acerca de sí mismo, no podía ser solo un buen hombre ni un maestro sabio. Esa posibilidad no está a nuestra disposición.

C.S. Lewis, ex profesor de la Universidad de Cambridge, alguna vez pensó que los hombres no podían conocer a Dios. Más tarde, llegó a entender que tenía que aceptar las afirmaciones de Cristo. Escribió que estaba tratando de impedir que alguien dijera la cosa más tonta que la gente a menudo dice acerca de Jesús. Dijo que la gente muchas veces dice: «Estoy listo para aceptar a Jesús como un buen Hombre y un gran maestro, pero no acepto su afirmación de ser Dios». Sin embargo, Lewis dijo que es la única cosa que no debemos decir.

Lewis escribió:

El hombre que fue solo un hombre y que dijo la clase de cosas que dijo Jesús acerca de sí mismo, no sería un buen hombre ni un gran maestro. O bien estaría loco, al nivel del hombre que dice que es un huevo pasado por agua, o sería Satanás. Tú debes escoger. Este Hombre es el Hijo de Dios, es un loco o algo peor.

Después Lewis añadió:

Puedes callarlo como un tonto, puedes escupirlo y matarlo como un espíritu malo, o puedes caer a sus pies y llamarlo Señor y Dios. Pero no salgamos con cualquier tontería acerca de que fue un gran maestro. No nos dejó abierta tal posibilidad. A eso no se refirió[1].

F.J.A. Hort, profesor de la Universidad de Cambridge, pasó veintiocho años en un cuidadoso estudio del texto del Nuevo Testamento. Escribió que Cristo puso tanto de sí mismo en lo que dijo que sus palabras no tienen significado aparte de lo que es Él[2].

Kenneth Scott Latourette, experto en historia de la iglesia en la Universidad de Yale, dijo: «No es su enseñanza lo que hace a Jesús tan notable, aunque eso sería suficiente para hacerlo famoso. Es su enseñanza unida con el Hombre mismo. Los dos no se pueden separar». Latourette añadió que debe quedar claro para cualquier lector sincero de los Evangelios lo que Jesús pensaba de sí y de su mensaje como la misma cosa. Él fue un gran maestro, pero fue más que eso. Sus enseñanzas acerca del reino y acerca de la manera de vivir de la gente fueron importantes. Sin embargo, no podrían separarlas de Él sin hacerlas falsas, dijo Latourette.

Jesús afirmó ser Dios. Su declaración debe ser cierta o falsa. Una vez les preguntó a sus discípulos: «Y ustedes, ¿quién dicen que soy yo?» (Mateo 16:15). Cada uno de nosotros debe considerar cuidadosamente nuestra propia respuesta a esa pregunta.

En primer lugar, ¿qué tal si su afirmación de ser Dios era falsa? Si fuera falsa, o bien Él sabía que era falsa o no sabía que era falsa. Si Él sabía que era falsa, era un mentiroso. Si Él no sabía que era falsa, estaba loco. Vamos a considerar cada posibilidad por separado y examinaremos las pruebas de la misma.

¿FUE JESÚS UN MENTIROSO?

Si Jesús afirmó ser Dios cuando sabía que no lo era, estaba mintiendo. Entonces, si era un mentiroso, no era un buen Hombre porque les enseñaba a los demás a ser sinceros a cualquier precio. Lo que es peor, si estaba mintiendo, era un espíritu malo porque les decía a otros que confiaran en Él para su salvación. Si Él sabía que no podía hacer lo que decía que haría, era un malvado por darles a sus discípulos una falsa esperanza. Por último, también sería un tonto porque sus afirmaciones de ser Dios lo llevarían a su muerte en la cruz. Él podía haberse salvado de la cruz al reconocer que no era Dios.

La gente dice que cree que Jesús era un buen maestro de moral. Piénsalo. ¿Cómo podría ser un buen maestro de moral y mentirle a la gente acerca de lo que Él era? Ese fue el punto más importante de su mensaje.

Pensar en Jesús como un mentiroso no está de acuerdo con otras cosas que sabemos de Él. Tampoco está de acuerdo con los resultados de su vida y enseñanza. Dondequiera que se predica de Jesús, las vidas cambian para lo mejor. Las naciones mejoran. Los hombres que roban dejan de robar. Los borrachos dejan de beber. Los mentirosos dejan de mentir. Los hombres llenos de odio comienzan a amar a los demás.

William Lecky fue uno de los más famosos estudiantes de la historia de Gran Bretaña. También fue un feroz enemigo del cristianismo. Aun así, vio el efecto del verdadero cristianismo en el mundo. Escribió que el cristianismo le ha dado al mundo un ejemplo que ha hecho que los corazones de los hombres palpiten con un gran amor a través de todos los cambios de mil ochocientos años. Dijo que se ha mostrado capaz de actuar en todas las épocas, naciones y condiciones. No solo ha sido el mejor ejemplo de una buena vida, dijo Lecky, sino la razón más fuerte para vivir una vida así. Dijo que el simple registro de esos tres cortos años del ministerio de Jesús ha hecho más para hacer hombres nuevos y mejores que todos los libros de los sabios del mundo[4].

Philip Schaff fue un estudiante de la historia de la iglesia. Dijo que si la afirmación de que Jesús era Dios no fuera cierta, o bien se lucha contra Dios o es una locura. Pensar que Jesús se mentía a sí mismo en una cosa tan importante es imposible, dijo Schaff. Después de todo, en todas las demás cosas su mente estaba muy clara y en buen estado. Siempre fue capaz de hacerle frente a cualquier dificultad que se presentara. Fue capaz de responder las preguntas más difíciles, incluso las que le hacían sobre todo para atraparlo. Siempre estaba en calma y en control de sí mismo ante el sufrimiento. Les habló a sus discípulos acerca de su próxima muerte en la cruz. Les dijo que resucitaría en tres días. Y sucedió tal como dijo que sería. ¿De qué manera Él podía ser un loco o un rebelde contra Dios?, dijo Schaff, «se necesitaría más de un Jesús para inventar a un Jesús»[5].

En otra parte, Schaff da un fuerte argumento en contra de que Cristo sea un mentiroso. Escribió que no podía ser posible creer que una persona pudiera actuar como una persona diferente en cada situación. Esto es sobre todo cierto cuando una es tan completamente diferente de la otra. ¿Cómo podía un hombre malo y deshonesto hacerse parecer siempre como un hombre bueno durante tres años? Incluso, ¿cómo podría hacerse la idea de actuar como la mejor y más santa persona que se haya conocido entre los hombres? ¿Cómo podría un hombre tan malo hacer las cosas maravillosas que Jesús hizo por la gente? ¿Un hombre malo iría tan lejos como para dar su vida por las personas cuando sabía que ya habían tomado la decisión de oponerse a Él?[6]

Alguien que vivió como vivió Jesús, que enseñó como enseñó Jesús y que murió como murió Jesús no podía haber sido un mentiroso. Veamos otras posibilidades.

¿FUE JESÚS UN LOCO?

Si encontramos imposible que Jesús fuera mentiroso, ¿podemos creer que Él estaba equivocado cuando afirmaba ser Dios? Después de todo, es posible ser sincero y estar equivocado. Sin embargo, debemos recordar que no es normal para alguien pensar que es Dios cuando no lo es. Eso sería cierto en especial entre los judíos, un pueblo que creía tan firmemente que solo hay un Dios. ¿Es posible que Jesucristo estuviera loco?

Hoy en día, trataríamos a alguien que se cree Dios de la misma manera que lo haríamos con una persona que se cree que es algún gran personaje del pasado. Lo llamaríamos loco y lo encerraríamos para que no pudiera hacerse daño a sí mismo ni a otra persona. Sin embargo, en Jesús no vemos las acciones que acompañan a los locos. Si estaba loco, de seguro que la manera en que vivía y hablaba no era lo que esperaríamos.

Arthur Noyes y Lawrence Kolb describieron una persona loca como alguien que pierde el contacto con el mundo real. Desea escapar del mundo tal y como es. Aceptémoslo, para un hombre que afirma ser Dios seguramente se alejaría del mundo real. A la luz de otras cosas que sabemos de Jesús, es difícil de imaginar que Él estuviera enfermo de su mente. Aquí tienes a un hombre que habló algunas de las palabras más sabias que se dijeran jamás. Sus palabras han liberado a muchas personas enfermas de la mente[7].

Clark H. Pinnock preguntó si Jesús podía haber estado equivocado acerca de su grandeza. ¿Guiaba mal a la gente y sin intención de hacerlo? ¿Estaba enfermo de su mente? En cambio, la habilidad y la profundidad de su enseñanza mostraban su total salud mental. «¡Si al menos fuéramos cuerdos como Él!», dijo Pinnock[8].

Un estudiante de una universidad en California me dijo que su profesor de Psicología dijo en clase que todo lo que tiene que hacer es tomar la Biblia y leerles partes de la enseñanza de Cristo a muchas de las personas que vienen a él por ayuda. Es toda la ayuda que necesitan.

El psicólogo Gary R. Collins explica que Jesús era cariñoso, pero no dejó que su amor le impidiera lo que tenía que hacer. Él no pensó demasiado alto de sí, dice Collins, a pesar de que a menudo había mucha gente a su alrededor que lo adoraba. Mantuvo su equilibrio aun cuando tenía sobre sí muchas demandas. Siempre sabía lo que estaba haciendo y hacia dónde se dirigía.

Se preocupaba profundamente por las personas, incluyendo mujeres y niños, que no se veían tan importantes en esa época. Fue capaz de aceptar a las personas, aunque no aceptaba su pecado. Trató a la gente de acuerdo a su necesidad real en el momento. Collins dijo: «En resumen, yo no veo ninguna señal de que Jesús estuviera sufriendo de alguna enfermedad conocida [...] Tenía mejor salud mental que cualquier otra persona que conozco, ¡incluyéndome a mí!»[9].

El psiquiatra J.T. Fisher cree que las enseñanzas de Jesús eran profundas. Dijo que podríamos tener todos los libros más importantes jamás escritos sobre salud mental. Tomar las cosas más importantes de cada libro. Ponerlas todas juntas y en la lista tener a los escritores más calificados en dos o tres páginas. Lo que tendríamos sería una versión mal escrita e incompleta del Sermón del Monte, dijo Fisher. Y no sería tan bueno como el que dio Jesús, agregó. «Por casi dos mil años el mundo cristiano ha tenido en sus manos la respuesta completa a lo que necesita y quiere el mundo», dijo Fisher. «Aquí [...] está el plan para el más agradable y satisfactorio estilo de vida»[10].

C.S. Lewis escribió que sería difícil explicar la vida, las enseñanzas y la influencia de Jesús de una mejor manera de la que tiene la iglesia cristiana. Lewis dijo que nunca nadie ha sido capaz de explicar el conflicto entre el nivel de sus enseñanzas y su afirmación de que era Dios, si Él no fuera Dios. Todavía las personas que no aceptan las afirmaciones de Cristo siguen llegando con nuevas formas de tratar de explicar eso, dijo Lewis[11].

Philip Schaff preguntó si era probable que una mente así como la de Cristo estuviera equivocada acerca de su propia naturaleza y misión. Eso no sería posible, dijo Schaff[12].

¿Fue Jesús el Señor?

No puedo creer que Jesús fuera un mentiroso ni un loco. La única otra posibilidad es que Él fue, y es, el Cristo, el Hijo de Dios, como afirmó Él que era. Sin embargo, muchas personas no logran aceptar las afirmaciones de Cristo como verdaderas.

Cuando analizo el material en este capítulo con la mayoría de los judíos, lo que dicen es interesante.

Les hablo de las afirmaciones que hizo Jesús acerca de sí mismo y luego les presento las posibilidades.

Cuando les pregunto si creen que Jesús fue un mentiroso, me dan un terminante «¡No!». Entonces, les pregunto: «¿Creen que estaba loco?». Dicen: «Desde luego que no». «¿Creen que Él es Dios?». Casi antes de que pueda terminar la pregunta, escucho: «¡No! ¡No! ¡No!». Sin embargo, uno no tiene más posibilidades.

El asunto con estas tres posibilidades no está en que sean posibles, pues está claro que las tres son posibles. La pregunta es: «¿Cuál es la más probable que sea cierta?». Uno no puede decir que fue simplemente un gran maestro de moral. Esa no es una posibilidad. O bien Él es mentiroso, loco o Dios. Tú debes escoger cuál vas a creer. Como escribiera el apóstol Juan: «Estas se han escrito para que ustedes crean que Jesús es el Cristo, el Hijo de Dios, y para que al creer en su nombre tengan vida» (Juan 20:31).

Sin duda alguna, la evidencia muestra que Jesús es Dios.

¿QUÉ ME DICES DE LA CIENCIA?

Muchas personas tratan de retrasar la entrega de sus vidas a Cristo pensando que una cosa no es verdad a menos que se pueda probar de manera científica. Creen que debido a que no podemos probar científicamente que Jesús era Dios o que Él resucitó de la muerte, no debemos aceptarlo como Salvador.

A menudo, en una clase de la universidad alguien me pregunta: «¿Puede probarlo de manera científica?». Casi siempre digo: «Bueno, no, yo no soy científico». Luego, escucho la risa de la clase. Alguien dirá algo como: «Entonces, no me hable de eso» o «Mire, usted lo toma todo por la fe» (es decir, sin pensarlo).

Una vez en un avión de camino a Boston, estaba hablando con el pasajero junto a mí acerca de por qué creo que Cristo es quien decía ser. El piloto, recorriendo el avión y conversando con los pasajeros, escuchó parte de lo que yo estaba diciendo.

—Usted tiene un problema con su creencia —dijo.

—¿A qué se refiere? —le pregunté.

—Usted no puede probarla de manera científica —respondió.

Siempre me sorprendo cuando la gente dice tales cosas. Todos aceptamos como verdad muchas cosas que no se pueden probar por métodos científicos. No podemos probar de manera científica nada sobre cualquier persona ni sobre cualquier cosa que sucedió en el pasado, pero eso no significa que la prueba no sea posible. Debemos entender la diferencia entre la prueba científica y la prueba histórico-legal. Te lo explicaré.

El método científico consiste en ver, medir y describir lo que sucede y luego hacerlo de nuevo para ver si ocurre la misma cosa[1]. El Dr. James B. Conant, ex presidente de la Universidad de Harvard, dijo que la ciencia es una serie de ideas acerca de la manera en que pueden funcionar las cosas. Esas ideas se conectan entre sí y para que sean verdad se prueban viendo muchas veces experimentos que dan los mismos resultados cada vez[2].

La prueba de la verdad de una idea por el uso de experimentos controlados es uno de los principales medios del método científico. Por ejemplo, alguien dice que el jabón marca *Ivory* no flota. Yo afirmo que flota. Así que para probar mi punto, me llevo a la otra persona al agua y pongo un pedazo de jabón en el agua. Vemos que el jabón está flotando. El experimento prueba que el jabón *Ivory* flota. Al menos, flota algunas veces y bajo algunas condiciones. Cuando repetimos el experimento en diferentes momentos y bajo diferentes condiciones, fortalecemos la prueba de que el jabón *Ivory* flota.

Si el método científico fuera el único método que tuviéramos para probar los hechos, uno no podría probar lo que hicimos anoche o lo que almorzamos hoy. No hay manera en que uno pueda repetir esas cosas en una situación controlada. Para probar lo que hiciste anoche o lo que almorzaste hoy, se necesita otro método de prueba.

El otro método de prueba es el método histórico-legal. Se basa en demostrar que algo es un hecho fuera de toda duda razonable. En otras palabras, llegamos a un juicio por el peso de la evidencia y no tenemos buenas razones para creer que nuestro juicio sea erróneo. La prueba histórico-legal depende de tres clases de evidencias. Estas son la evidencia de lo que dice la gente, la evidencia de los escritos y la evidencia de lo que podemos ver y tocar, tales como un arma o un libro. Usando el método histórico-legal, puedes probar más allá de una duda razonable que fuiste a almorzar hoy. Tus amigos te vieron allí, el camarero recuerda que te vio y tú tienes el recibo que muestra lo que tuviste para comer.

El método científico se puede usar para probar solo las cosas que se pueden hacer muchas veces. No se puede probar que ciertas cosas sucedieron en el pasado o que no sucedieron. El método científico no puede responder preguntas tales como: «¿George Washington vivió? ¿Martin Luther King, hijo, trabajó para que todas las personas se trataran de la misma manera? ¿Quién fue Jesús de Nazaret? ¿Barry Bond tiene el récord en jonrones en una sola temporada de béisbol? ¿Jesucristo se levantó de los muertos? Esas preguntas deben responderse por el método histórico-legal. Entonces, la pregunta principal es: ¿podemos confiar en la evidencia de las cosas que sucedieron en el pasado?

EL PROBLEMA DEL NUEVO ATEÍSMO

Cuando yo (Sean) me senté en la cafetería local, recorrí el salón con la mirada y vi a una joven que leía un libro. Las palabras en la parte delantera del libro eran: «Dios no es bueno: La religión lo envenena todo», de Christopher Hitchens. Le pregunté de qué se trataba el libro. Me dijo que la religión ha sido el mayor de los males de la historia mundial. Dijo que la ciencia ha demostrado que no hay buenas razones para creer en Dios. Dijo que las personas pueden ser buenas sin Dios.

¿Tenía razón? ¿El mundo sería mejor si todo el mundo creyera en el ateísmo, en que no hay Dios?

El ateísmo no es nuevo. Alrededor de mil años antes de Cristo, el rey David escribió acerca de una persona que dice en su corazón: «No hay Dios» (Salmo 14:1). Siempre ha habido personas que dicen que no hay Dios, y es probable que siempre haya personas que digan eso. Hasta ahora, esas personas nunca han tenido mucha influencia en otras personas.

En 2006 y 2007 se publicaron tres libros. A los escritores de esos libros se les llama nuevos ateos. De sus libros se han vendido cientos de miles de ejemplares. Su influencia ha salido de otras maneras también. Han hablado en público acerca de lo que creen. Han estado en la radio y la televisión.

Han hecho que muchos cristianos duden de su fe. Los nuevos ateos quieren eliminar cualquier razón para la creencia religiosa. Quieren influir en los creyentes para que abandonen su fe. Un número cada vez mayor de estadounidenses ahora dice ser ateo. Sin embargo, ¿el Nuevo Ateísmo es nuevo en realidad?

No hay nada nuevo

Las cosas quizá parezcan nuevas, pero eso no quiere decir que sean nuevas en realidad. No hay nada nuevo en la ciencia ni en la historia que pruebe que el cristianismo sea falso. Aun así, hay algunas cosas que hacen diferentes a los nuevos ateos.

En primer lugar, no les preocupa vivir en un mundo sin Dios. Los antiguos ateos sabían lo que sucedería en un mundo donde la gente no creyera en Dios. Un ateo del pasado dijo que la muerte de Dios significaba la pérdida de propósito, alegría y todo lo que hace buena la vida. Los antiguos ateos entendían que la creencia en Dios es lo que hizo posible nuestro modo de vida. Sin embargo, los nuevos ateos celebran en realidad la muerte de Dios. Creen que la vida puede continuar como siempre lo ha hecho, y hasta mejorar si solo acabamos con la idea de Dios.

En segundo lugar, los nuevos ateos son diferentes de los antiguos ateos porque quieren eliminar toda la fe religiosa del mundo. Creen que el hombre hizo la religión y que es perjudicial para todo.

En tercer lugar, los nuevos ateos dirigen sus más fuertes ataques contra el cristianismo. Critican otras religiones, pero de seguro que su objetivo es el cristianismo. Incluso el ateo Richard Dawkins dijo que su principal objetivo es la iglesia cristiana[1].

Es importante tener presente las palabras de la Biblia: «El primero en defenderse parece tener la razón, pero llega su contrario y lo desmiente» (Proverbios 18:17, DHH). Es decir, cuando escuchamos un solo lado, es más probable que creamos que es el lado que tiene la razón. Cuando escuchamos el otro lado de la cuestión, quizá cambiemos de opinión. Sabemos que esta es la verdad, no solo porque está en la Biblia, sino porque hemos descubierto que es verdad por nuestra propia experiencia. Los nuevos ateos pueden parecer que tienen la razón hasta que escuchamos a la otra parte. Aquí está la otra parte.

¿ES EL ATEÍSMO MÁS RAZONABLE?

En realidad, los nuevos ateos creen que el ateísmo es bueno. El ateo Christopher Hitchens dijo que la religión está basada «solo en la fe», pero el ateísmo no necesita la fe porque está basado en la evidencia de la ciencia[2].

Vamos a considerar la pregunta de si el ateísmo (creer que Dios no existe) o el teísmo (creer que hay un Dios) la explica mejor la ciencia. Sin embargo, primero vamos a considerar una pregunta que debe venir antes: ¿Por qué el mundo no tiene sentido en absoluto?

Albert Einstein dijo una vez que una de las cosas más difíciles de entender acerca del mundo es que el mundo se puede entender. Él sabía algo importante acerca de la ciencia: que la ciencia depende de aceptar primero las ideas acerca del mundo. Esas ideas incluyen que hay un mundo real, que este mundo puede conocerse y que hay orden en el mundo. La ciencia no puede hacer nada a menos que acepte esas ideas como ciertas.

Esto crea un problema difícil para el ateo. Si la mente se desarrolló por casualidad, como enseñó Charles Darwin, ¿por qué debemos confiar en ella del todo? ¿Por qué debemos creer que el cerebro humano, si es resultado de la casualidad, puede ponernos en contacto con el mundo real? La ciencia no puede responder estas preguntas porque la ciencia debe comenzar por aceptar que el cerebro humano nos pone en contacto con el mundo real.

Incluso Darwin entendía este problema. Dijo: «La terrible duda viene siempre: ¿Puede la mente humana ser confiable cuando se ha desarrollado de la mente de animales inferiores? ¿Alguien confiaría en la mente de un animal, aun si ese animal puede pensar?»[3]. Los nuevos ateos confían mucho en sus propios poderes de razonamiento. Sin embargo, la manera en que piensan acerca del mundo debiera hacerles dudar de esos mismos poderes.

Paul Davies dijo:

Los ateos afirman que las leyes de la naturaleza no tienen sentido. Dicen que el mundo es absurdo. Como hombre de ciencia, encuentro que eso es difícil de aceptar. Tiene que haber un razonable fundamento que no cambia en el que esté basada la naturaleza ordenada del universo[4].

El ateísmo no tiene tal fundamento razonable. En cambio, el teísmo, creer en Dios, lo tiene. Un universo razonable es lo que se esperaría de un Dios que existe.

¿ESTÁ LA CIENCIA EN GUERRA CON LA RELIGIÓN?

Los nuevos ateos quieren que pienses que la ciencia ha estado en guerra con la religión por cientos de años. Aunque mucha gente ha aceptado eso como verdad, no es cierto. La religión no ha estado impidiendo los esfuerzos de la ciencia[5]. Es más, la ciencia moderna está basada en la manera de pensar cristiana acerca del mundo. Los cristianos creen que hay orden en el universo. Creen en la razón humana. Creen que Dios se glorifica en nuestro entendimiento de lo que creó Él.

La mayoría de los primeros hombres de ciencia sintieron que tenían que estudiar el mundo debido a su forma cristiana de pensar. Alfred Whitehead dijo que la ciencia moderna vino sobre todo de la idea de que Dios es un Dios razonable[6].

La ciencia moderna no se desarrolló de la nada. Vino en gran parte de la fuerza del cristianismo. No es sorprendente que la mayoría de los antiguos hombres de ciencia creyeran en Dios. Para muchos de ellos la creencia en Dios fue su razón principal para estudiar el mundo. Francis Bacon creía que el mundo estaba lleno de cosas que Dios creó para que las exploráramos. Johannes Kepler dijo que la razón principal para estudiar el mundo debe ser descubrir el orden razonable que Dios ha puesto en él[7].

El ateo Hitchens dijo que esos primeros científicos hablaron de Dios porque todo el mundo en su época era religioso. Si no hubieran hablado como cristianos, las demás personas de su época no los habrían aceptado[8]. Entonces, si los creyentes religiosos no reciben el reconocimiento por las cosas buenas que hacen, ¿por qué los culpan por las cosas malas hechas en el nombre de Dios?

¿Es el ateísmo más científico?

Lo que hace a los nuevos ateos tan seguros de sí mismos es que creen que la ciencia está de su parte. Sam Harris dijo: «No hay base para creer en el Dios de la Biblia en nuestra cada vez mayor comprensión del mundo que viene de la ciencia»[9]. Parece que Hitchens está diciendo que mientras más ciencia aprenda, menos razón hay para creer en Dios[10].

Sin embargo, ¿esta es toda la historia? No, la evidencia por el diseño del universo ha aumentado en realidad en los últimos años[11]. Uno de los más conocidos ateos de los pasados cincuenta años, Antony Flew, hace poco cambió de opinión acerca de Dios por esta misma razón. Sus muchos libros y conferencias habían establecido la dirección del ateísmo moderno. Entonces, en 2004, Flew anunció que Dios debe existir. Sus palabras sorprendieron al mundo. ¿Por qué cambió de opinión? Escribió: «La respuesta corta es la imagen del mundo que ha venido de la ciencia moderna». Los ateos pueden decir que la ciencia está de su parte, pero la evidencia muestra que esto no es cierto.

Considera dos problemas que nunca ha explicado la ciencia, pero que apuntan con firmeza hacia Dios.

El misterio de cuándo comenzó la vida

Uno de los problemas más difíciles para la ciencia hoy es decir cuándo comenzó la vida. En realidad, los científicos creen que esto es un misterio que no se puede resolver. George Whitesides, de Harvard, una vez dijo que la pregunta de cuándo comenzó la vida no se ha respondido aún[13]. Sam Harris está de acuerdo en que nadie sabe de verdad cuándo comenzó la vida[14].

El problema del origen de la vida es, en realidad, un problema de información. Todas las cosas vivientes están hechas de células. En el centro de cada célula hay algo llamado ADN. En 1953, los científicos empezaron a entender que el ADN contiene toda la información para decir en qué se convertirá esa célula. Por eso el ganador del Premio Nobel David Baltimore habló de la ciencia de los seres vivos como «una ciencia de información».

¿Cuánta información se encuentra en las cosas vivas? Richard Dawkins dijo que la información en una célula de la más pequeña cosa viviente es mayor que toda la información de la *Enciclopedia Británica*[15]. Sin embargo, el ADN hace más que solo guardar información. También trabaja con esa información muy parecido a una computadora. Entonces, esa computadora es mayor que cualquier computadora que haya hecho jamás el hombre[16].

Los ateos reconocen que no tienen ni idea acerca de cómo comenzó la vida. Dawkins dijo que era poco probable que la vida pudiera comenzar por sí misma. Así que siguió diciendo que fue solo por casualidad[17]. ¿Eso es lo mejor que puede hacer? ¿Podría comenzar de verdad la vida solo por la casualidad?

Entender la cantidad de información que está en el ADN fue una de las razones por las que Antony Flew cambió de opinión en cuanto a Dios. Dijo: «La única razón aceptable que podemos dar para la vida como la vemos en la tierra es que la creó una Mente muy sabia»[18]. Cuando nos fijamos en una serie de libros tales como la *Enciclopedia Británica*, entendemos que la crearon algunas grandes mentes. La mejor manera en que podemos explicar el ADN humano es decir que lo hizo una gran Mente. A esa gran Mente la llamamos «Dios».

Hacer del universo un lugar perfecto para el hombre

Imagínate que caminas a través de las montañas y llegas a una casa. Allí no hay nadie, pero la puerta está abierta. Miras adentro y ves la comida que más te gusta. Sobre la mesa están tus libros preferidos. Prestas atención y puedes escuchar música, la misma música que más te gusta. Miras a tu alrededor y ves que todo está justo de la manera que te gusta. Puedes comenzar a pensar que alguien estaba esperando tu llegada.

En los últimos años, los científicos han comenzado a ver que esa es solo la manera en que está el universo. Parece que el universo se hizo en especial para el hombre. Freeman J. Dyson dijo: «A medida que miramos hacia el universo y vemos todas las cosas que funcionan para nuestro bien, parece como si el universo debiera haber sabido que veníamos nosotros»[19]. Fred Hoyle dijo: «Una comprensión lógica de los hechos dice que una gran Mente ha estado trabajando en el universo. No hay fuerzas ciegas de las que valga la pena hablar acerca de la naturaleza»[20].

Hay diecinueve condiciones que deben cumplirse para que exista vida en la tierra. Por ejemplo, la gravedad (la fuerza que mantiene a las personas y cosas atadas a la tierra) debe ser tal y como es. Si la gravedad solo fuera un poco más fuerte, cada cosa viva se vería obligada a salir de ella. Si la gravedad fuera un poco menos, las cosas flotarían en el espacio. La casualidad de que estas diecinueve condiciones estuvieran con exactitud justo para la vida en la tierra es muy pequeña. Es más, esa casualidad es tan pequeña que ni siquiera podemos pensar que es posible.

Paul Davis dijo que no podemos explicar el universo sin explicar lo que parece ser esta planificación de una gran Mente[21]. La mejor manera de explicar por qué el universo es como es, se debe a un Creador (Dios) que lo hizo de esa manera.

¿EL ATEÍSMO DA LUGAR A UNA VIDA MÁS PURA?

Los nuevos ateos atacan lo que llaman los males de la religión. Al Dios de la Biblia lo llaman malo. Dicen que una vida pura puede existir sin Dios. Dawkins dijo: «Nosotros no necesitamos a Dios para ser buenos, ni malos»[22]. Los nuevos ateos llaman a la religión mala mientras llaman buena a la ciencia. Entonces, eso les crea un problema. Si no hay Dios, ¿de dónde sacamos nuestras ideas de la vida pura? ¿Quién hace las reglas? ¿Quién decide lo que está bien y lo que está mal, lo que es bueno y lo que malo?

El problema para los ateos es que es difícil decir lo que es malo si no hay una regla fuera de nosotros mismos para decir lo que es bueno. Es decir, solo puede haber lo malo si primero hay lo bueno. Así que si no hay Dios que diga lo que es bueno, ¿cómo puede haber lo bueno? O si no hay Dios, ¿qué razón hay para que una persona tenga que ser buena? Incluso el ateo J.L. Mackie entendió que no habría ninguna idea de lo bueno aparte de la idea de un Dios todopoderoso.

Podríamos poner el argumento de esta manera: Si existe la idea de lo bueno, tiene que haber un Dios. Lo bueno existe. Por lo tanto, tiene que haber un Dios. Sabemos que existe lo bueno. Por ejemplo, la mayoría de la gente está de acuerdo en que es bueno cuidar a los niños pequeños y protegerlos de que les hagan daño. Es malo hacerles daño a los niños pequeños solo por diversión.

Muchos ateos son bondadosos y amorosos. Pueden ser muy trabajadores. Sin embargo, eso es solo porque eligen ser de esa manera o porque esa es su naturaleza. No hay nada en su creencia que les obligue a que sean tales personas, ya que no creen en Dios.

¿ES EL CRISTIANISMO UN MAL?

Los ateos antiguos creían que la religión era falsa. Los nuevos ateos creen que no solo es falsa, sino mala también. Sam Harris llamó a la religión «la mayor causa del conflicto humano»[23]. Los nuevos ateos señalan muchas veces el pasado cuando personas que se decían cristianas hicieron cosas terribles. Dicen que estas cosas demuestran lo malo que es el cristianismo.

Es cierto que la gente ha hecho cosas terribles en el nombre de Cristo. Sin embargo, ¿por qué deben culpar al cristianismo cuando la gente que se dice cristiana hace lo opuesto a lo que enseñó Jesús? ¿Enseñó Jesús que se debe quemar a la gente que hace cosas por el poder de Satanás? ¿Dijo que la iglesia debe torturar a los que comunican falsas enseñanzas? Por supuesto que no. Es más, Él enseñó justo lo contrario. Enseñó que debíamos amar a nuestros enemigos (Mateo 5:44). Dijo que debemos ayudar a los que nos rechazan (Mateo 8:3). Enseñó a dar nuestras vidas por otros (Juan 15:13). Si las personas vivieran de verdad como enseñó Jesús, el conflicto sería cosa del pasado.

En el libro *What's So Great About Christianity*, Dinesh D'Souza demuestra que los nuevos ateos mienten para que los cristianos parezcan malos y los ateos parezcan buenos. Por ejemplo, Sam Harris escribió sobre cien mil personas que murieron en los juicios de Salem. En realidad, la cantidad fue menos de veinticinco[24]. Compara eso con las cantidades que han muerto bajo el ateísmo.

Recuerda que no hablamos acerca de si los ateos son personas buenas o malas. Muchas de ellas son muy buena gente. La cuestión es si el ateísmo en sí es bueno o malo. Cuando nos fijamos en la cuestión de esa manera, entendemos que no hay otras formas de pensar que hayan causado tantas muertes. Solo en el siglo XX, las naciones ateas de la Rusia comunista, la China comunista y la Alemania nazi fueron responsables de la muerte de más de cien millones de personas[25]. David Berlinski dijo que una de las principales razones para eso fue que los líderes no se sintieron responsables ante un poder superior. Berlinski dijo que Hitler, Stalin y Mao no creían que Dios observaba lo que ellos estaban haciendo[26].

Los cristianos han hecho algunas cosas malas, pero el cristianismo ha hecho mucho más bien. El cristianismo ha construido hospitales y dirigido los esfuerzos para terminar la esclavitud. Ha ido al frente en los campos de la educación y la ciencia. Ha sido el líder mundial en la causa de la libertad.

EN CONCLUSIÓN

La única cosa nueva de verdad en cuanto a los nuevos ateos es cómo presentan sus ideas. No existen nuevos descubrimientos en la ciencia, la historia, ni la filosofía que prueben que Dios no existe. Es más, solo lo contrario es verdad. Cuanto más aprendemos de cómo trabaja la célula en el cuerpo humano, más vemos la mano de Dios.

Hace más o menos tres mil años, el salmista lo dijo mejor: «Los cielos proclaman la gloria de Dios; el firmamento revela la obra de sus manos. Un día se lo cuenta al otro día; una noche se lo enseña a la otra noche» (Salmo 19:1-2, RVC). Este salmo dice con mucha claridad que a Dios se le puede conocer a través de las cosas que Él ha hecho. Aun así, a Él se le conoce mejor por medio de Jesucristo. Esto no es algo que aceptamos por la fe ciega. Lo aceptamos debido a la fuerte evidencia.

¿Podemos probar que Jesús es el Hijo de Dios? No podemos hacerlo por la ciencia, pero hay mucha evidencia a través del método histórico-legal. Entonces, la pregunta es: ¿Podemos confiar en la evidencia del Nuevo Testamento?

Una cosa acerca de la fe cristiana que me ha atraído en especial es que no está basada en la fe ciega, sino en la evidencia sólida. Cada vez que leemos que a un personaje de la Biblia se le pedía que tuviera fe, vemos que es una fe inteligente. Jesús dijo: «Conocerán la verdad» (Juan 8:32). Él no dijo que no la conociéramos. Alguien le preguntó a Cristo: «¿Cuál es el mandamiento más importante de la ley?». Él contestó: «Ama al Señor tu Dios con todo tu corazón, con toda tu alma y con toda tu mente» (Mateo 22:36-37, NTV). En otras palabras, Él dijo que debemos amar a Dios con nuestras mentes, así como con nuestros corazones y nuestras almas.

El problema con algunos cristianos es que parece que aman a Dios solo con sus corazones. La verdad de Cristo nunca llega a sus mentes. Se nos han dado mentes para conocer a Dios, así como también corazones para amarlo y la voluntad para escogerlo. Debemos usar los tres para tener una relación completa con Dios y glorificarlo a Él.

No sé lo que pasa contigo, pero mi corazón no puede alegrarse con lo que no puede aceptar mi mente. Mi corazón y mi mente se crearon para trabajar juntos. Nunca se le ha pedido a nadie que cierre su mente a fin de confiar en Cristo como Salvador y Señor.

En los próximos cuatro capítulos le daremos un vistazo a la evidencia histórico-legal de por qué podemos confiar en la Biblia.

Capítulo

6

¿SE PUEDE CONFIAR EN LA BIBLIA?

Casi todo lo que sabemos acerca de Jesús viene a nosotros del Nuevo Testamento. En los últimos doscientos años, muchos hombres han afirmado que no se puede confiar en el Nuevo Testamento. Siguen llegando con nuevas ideas que no tienen ninguna evidencia sólida en la historia. La buena evidencia ha demostrado que cada una de sus afirmaciones es falsa.

Cuando estaba dando una conferencia en la Universidad Estatal de Arizona, un profesor trajo a sus alumnos para escucharme. Después de mi charla, se me acercó y me dijo:

Sr. McDowell, usted basa todas sus afirmaciones acerca de Cristo en un documento del año 180 d. C. que ya no se acepta. Hoy en clase demostré que el Nuevo Testamento se escribió tanto tiempo después que vivió Cristo que no puede ser verdad lo que dijo.

Le respondí:

Comprendo lo que me está diciendo, y conozco los escritos en los que se basó. Sin embargo, el hecho es que está comprobado que esos escritos son erróneos debido a descubrimientos de documentos más recientes. Esos documentos demuestran con claridad que el Nuevo Testamento se escribió después de unos años del tiempo de Cristo.

Las ideas del profesor acerca del Nuevo Testamento venían de los escritos de Ferdinand Christian Baur. F.C. Baur pensaba que la mayoría del Nuevo Testamento no se escribió hasta cerca de ciento cincuenta años después del tiempo de Cristo. Él decía que vino de las historias que se desarrollaron durante ese período.

En los últimos cien años, sin embargo, se han encontrado nuevas evidencias que muestran que se puede confiar en el Nuevo Testamento. Ahora tenemos copias de partes del Nuevo Testamento que son mucho más cercanas a la época de Cristo que las copias que teníamos antes. La copia Rylands del Evangelio de Juan es del año 130 d. C. El Papiro Chester Beatty proviene del año 155 d. C. Y el Papiro Bodmer II proviene del año 200 d. C. Estas son todas las copias de los libros del Nuevo Testamento que se escribieron años antes.

Millar Burrows fue profesor en la Universidad de Yale por muchos años. Dijo que mediante la comparación de las copias recién descubiertas con lo que sabemos del Nuevo Testamento en griego, podemos estar seguros de que las copias son buenas copias[1]. Eso nos hace creer más firmemente que se puede confiar en la Biblia.

William F. Albright fue el principal arqueólogo de las tierras de la Biblia en su época. Escribió que podemos estar muy seguros de que ningún libro del Nuevo Testamento se escribió después de aproximadamente el año 80 d. C. Que fue de cincuenta a setenta años antes de lo que pensaran algunos hombres[2]. Albright dijo que los libros del Nuevo Testamento lo escribieron cristianos judíos entre los años 40 y 80 d. C.[3]. Eso fue dentro de los cincuenta años después de la muerte de Cristo.

Sir William Ramsay, uno de los más importantes arqueólogos que hayan vivido jamás, estudió bajo hombres que enseñaron que el libro de Hechos se escribió alrededor del año 150 d. C. Ramsay aceptó la idea de que Hechos no estaba de acuerdo con la historia de su tiempo y por eso no era confiable. Puesto que no podía ser confiable, ningún estudiante de historia debía prestarle atención alguna, pensaba Ramsay. En su estudio de la historia del Asia Menor, Ramsay no consideró

el Nuevo Testamento. Su estudio, sin embargo, lo
obligó a considerar el libro de Hechos. Cuando
vio lo cuidadoso que Lucas fue con los detalles de
la historia, comenzó a cambiar de opinión. Al final
decidió que Lucas era uno de los mejores escritores
de la historia[4]. Debido a que Lucas fue tan cuidadoso hasta en los más pequeños detalles, Ramsay
al fin aceptó que Hechos no se escribió a finales del
año 150 d. C., como le habían enseñado.

Muchos eruditos liberales sc han visto obliga-
dos a considerar fechas anteriores para el Nuevo
Testamento. Lo que el finado obispo anglicano
John A.T. Robinson escribió en su libro *Redatin
the New Testament* es sorprendente. Dijo que su
estudio lo guio a sentirse seguro de que todo el
Nuevo Testamento se escribió antes de la caída de
Jerusalén en el año 70 d. C.[5].

A los que juzgan la Biblia basados en cómo se
utiliza el lenguaje se les llama críticos de la forma.
Los críticos de la forma dicen que el material se
pasó de boca en boca hasta que se escribió en
la forma de los Evangelios. Hoy admiten que el
tiempo entre lo que ocurrió y cuándo se escribió
era mucho más corto de lo que solían pensar.
Sin embargo, todavía dicen que los Evangelios
tomaron la forma de «escritura popular». Eso
significa que no creen que sea cierto la mayor parte
de lo que está escrito en los Evangelios.

Aun si los críticos de la forma tuvieran razón, el tiempo no fue lo suficientemente largo para lo que dicen que pasó. Dada una cultura como la cultura judía, ciento cincuenta años no habría sido el tiempo suficiente para que se desarrollara la historia de Jesús si no fuera cierta. Simon Kistemaker, quien fue profesor de Nuevo Testamento en el Seminario Teológico Reformado, escribió acerca de ese corto tiempo. Dijo que por lo general la escritura popular tarda cientos de años en desarrollarse[6].

A.H. McNeile, profesor en la Universidad de Dublín, dijo que la idea de que el evangelio se pasara de boca en boca no puede ser cierta. Señaló que los críticos de la forma no se ocupan tan de cerca como debieran de la tradición de las palabras de Jesús. En la cultura judía era importante que las verdaderas palabras de un maestro se guardaran y se pasaran al pie de la letra. Por ejemplo, en 1 Corintios 7:10, Pablo da las palabras exactas de Jesús. Luego, en 1 Corintios 7:12 y 7:25, Pablo fue cuidadoso para decir que no daba las palabras exactas de Jesús.

Era costumbre para un estudiante judío aprender las palabras exactas de su maestro. Un buen estudiante era como «una copa que no pierde ni siquiera un poquito» (Mishná, Tratado Avot, ii-8). C.F. Burney (*In The Poetry of Our Lord*, 1925) dijo que muchas de las enseñanzas del Señor fueron en una forma aramea que hace que sea más fácil recordar[7]. Es imposible que en semejante cultura se hubiera desarrollado en tan poco tiempo una tradición de historias que no eran verdaderas.

Otros grandes estudiosos de la Biblia están de acuerdo. Paul L. Maier, profesor de Historia Antigua en la Universidad del Oeste de Michigan, escribió: «El argumento de que la iglesia desarrolló su historia de la Semana Santa durante un largo período no es verdad. Tampoco es cierto que los documentos se escribieron muchos años después que sucedieran las cosas»[8].

Albright escribió que solo los maestros que no tienen entendimiento de la historia pueden crear tal idea como esa que tienen los críticos de la forma de la tradición evangélica[9]. Jeffery L. Sheler, escritor de religión para *US News & World Report*, escribió que la Biblia sigue estando de acuerdo con la historia de su tiempo[10].

Dan Brown afirmó que para el Nuevo Testamento se tuvieron en cuenta más de ochenta evangelios[11].

Otras personas han afirmado el número más razonable de veinte. Algunas personas creen que esos otros evangelios deben aceptarse como parte de la Escritura junto con Mateo, Marcos Lucas y Juan. Afirman que eso nos daría una idea más verdadera de quién era Jesús y lo que enseñó Él. Esas afirmaciones no pueden aceptarse cuando las examinamos con atención.

El cargo más grave contra estos otros evangelios es que todos se escribieron mucho después de la época de Jesús y los apóstoles. Los cuatro Evangelios del Nuevo Testamento se escribieron durante la vida de los apóstoles. Es decir, se escribieron cuando tanto los amigos de Jesús y sus enemigos vivían aún. Sus amigos podrían agregar su testimonio de lo que se escribió mientras que sus enemigos podrían ofrecer una prueba en contra de los Evangelios si tenían alguna. La mayoría de los estudiantes de la Biblia ha decidido que no podemos aceptar cualquiera de estos otros evangelios como iguales con Mateo, Marcos, Lucas y Juan.

A menudo los no cristianos me dicen que no podemos confiar en lo que dice la Biblia. «¡Vaya!, se escribió hace más de dos mil años. Está llena de errores y de historias que no están de acuerdo». Les digo que creo que puedo confiar en las Escrituras. Luego, les describo un incidente que sucedió durante una charla en una clase de Historia. Le dije a esa clase que creía que había más razones para confiar en el Nuevo Testamento que en casi cualquier otros de los diez escritos de la antigüedad en su conjunto.

El maestro se sentó a un lado del salón riéndose. Le pregunté de qué se reía.

—No puedo creer que sería tan tonto como para decir en una clase de Historia que se puede confiar en el Nuevo Testamento. ¡Eso es una locura! —me dijo.

Con ganas de encontrar puntos comunes para hablar sobre el tema, le hice una pregunta.

—Dígame —le dije—, como profesor de Historia, ¿cuáles son las pruebas que utiliza para ver si se puede confiar en un escrito?

Me sorprendió que no tuviera ningún tipo de pruebas. Sin embargo, no debería haberme sorprendido, porque nunca he recibido una respuesta a esa pregunta.

—Tengo algunas pruebas —le dije.

Creo firmemente que deberíamos probar la Escritura con las mismas pruebas que utilizamos con todos los documentos del pasado. Chauncey Sanders, un experto en Historia, da estas tres pruebas: la prueba bibliográfica, la prueba de la evidencia interna y la prueba de la evidencia externa[12]. Examinemos cada prueba.

PRUEBA BIBLIOGRÁFICA

La prueba bibliográfica es un examen de la forma en que los documentos antiguos nos llegan del pasado. En otras palabras, puesto que ya no tenemos los documentos exactos que escribieron los escritores, tenemos que hacernos algunas preguntas. ¿Cómo podemos estar seguros de que las copias son lo mismo que lo que escribieron los escritores? ¿Cuántas copias tenemos? ¿Qué tan bien están de acuerdo? ¿Cuánto tiempo pasó entre el momento en que los escritores escribieron y cuando se hicieron las copias?

Podemos ver la gran cantidad de evidencia por la exactitud de una copia del Nuevo Testamento al compararlo con copias de otros importantes escritos del pasado.

Tenemos solo ocho copias de la historia de Tucídides (escritas entre 460-400 a. C.). Estas copias vienen de más o menos el año 900 d. C. Eso es mil trescientos años después que la escribiera Tucídides. Las copias de la historia de Herodoto también son de mucho después y pocas. Y con todo, como escribiera F.F. Bruce, profesor de la Universidad de Manchester, ningún experto podría decir que la obra de Herodoto o la de Tucídides deberían ponerse en duda debido a que las copias son tan antiguas[13].

Aristóteles escribió uno de sus libros alrededor del año 343 a. C., y a pesar de eso, la copia más antigua que tenemos es del año 1100 d. C. Eso es mil cuatrocientos años más tarde. Y solo existen cinco copias.

César compuso su historia de las guerras de las Galias entre los años 58 y 50 a. C. Solo tenemos nueve o diez copias, y vienen de mil años después de su muerte.

Bruce Metzger fue el autor o editor de cincuenta libros sobre por qué debemos confiar en el Nuevo Testamento. Dijo: «Considera a Tácito, el romano que escribió sus *Anales de la Roma Imperial* alrededor del año 116 d. C. Sus primeros scis libros existen hoy en una sola copia, y se hizo alrededor del año 850 d. C. Los libros del siete al diez están perdidos. Los libros del once al dieciséis están en otra copia de los años 1200»[14].

Metzger dijo que solo tenemos nueve copias de *La Guerra Judía*, escrita por Josefo, y que se hicieron entre los años 900 y 1200 d. C. Hay una copia de los años 500, pero está en latín. También hay partes de *La Guerra Judía* en ruso de los años 1200 o 1300.

En comparación con estos otros escritos del pasado, hay un gran número de copias de los libros del Nuevo Testamento, dijo Metzger.

Cuando escribí por primera vez este libro en 1977, teníamos cuatro mil seiscientas copias de la Biblia en griego. Eso es muchísimo más material del que existe para cualquier otro libro de los tiempos antiguos. Sin embargo, desde que se escribió esto, se han encontrado incluso más manuscritos griegos, y ahora hay más de cinco mil seiscientos de ellos.

Daniel Wallace, profesor del Seminario Teológico de Dallas, es uno de los principales expertos del mundo sobre copias del Nuevo Testamento en el idioma griego. Dice que más de doscientas copias de partes de la Biblia se encontraron en 1975 cuando se descubrió un cuarto pequeño en la Torre de San Jorge en el Sinaí. Noventa de esas copias son del Nuevo Testamento. Algunas de esas copias son muy antiguas. Todas confirman que la manera en que el Nuevo Testamento ha llegado hasta nosotros lo ha mantenido puro. Además de las copias, hay cincuenta mil pedazos muy pequeños de copias. Alrededor de treinta copias separadas del Nuevo Testamento se han identificado en esos pequeños pedazos, y los expertos creen que quizá haya muchas más[15].

Jacob Klausner dijo que si hubiera material antiguo como el de los Evangelios para la historia de Alejandro o de César, no tendríamos ninguna duda acerca de esos hombres[16]. Entonces, ¿por qué deberíamos tener dudas acerca de Jesús?

Sir Frederic Kenyon fue uno de los principales expertos del mundo en el examen de las copias de los libros antiguos. Dijo que el tiempo entre la escritura de los libros del Nuevo Testamento y el tiempo en que se hicieron las copias fue muy corto. Es más, dijo, ese tiempo fue tan corto que no puede marcar ninguna diferencia en absoluto. No puede haber ninguna duda de que el Nuevo Testamento que tenemos es lo mismo que lo que escribieron los escritores, dijo Kenyon[18].

Otros están de acuerdo. Stephen Nelly ha estudiado la historia de la época del Nuevo Testamento con cuidado. Dijo que «tenemos mucha mejor evidencia de la aceptación de nuestro ejemplar del Nuevo Testamento que para cualquier otro escrito antiguo»[18].

Craig Blomberg fue profesor de Nuevo Testamento en el Seminario de Denver. Explica que las copias del Nuevo Testamento «se han conservado en número mucho mayor y con mucho más cuidado que cualquier otro de los documentos antiguos». Blomberg dijo que podemos estar seguros que del noventa y siete al noventa y nueve por ciento del Nuevo Testamento es exactamente como lo escribieron sus escritores»[19].

J. Harold Greenlee, profesor del Nuevo Testamento en griego, está de acuerdo. Dijo que debido a que los expertos aceptan el texto que tenemos de otros libros antiguos, también deberían aceptar el texto del Nuevo Testamento[20].

El uso de la prueba bibliográfica para el Nuevo Testamento muestra que tenemos más razones para confiar en lo que tenemos que para confiar en cualquier otra pieza de la escritura de la antigüedad. Después de más de ciento treinta años de trabajo por los críticos de la forma, podemos estar seguros de que se ha establecido un texto puro del Nuevo Testamento.

¿QUÉ PASA CON LAS DIFERENCIAS EN LAS BIBLIAS ANTIGUAS?

Bart Ehrman escribió un libro llamado *Misquoting Jesus*. En el libro dijo que hay hasta cuatrocientas mil diferencias entre las copias antiguas del Nuevo Testamento. Con tantas diferencias, dijo, debe haber muchísimos errores que ahora no podemos saber con exactitud lo que escribieron los escritores. Eso significa que no podemos confiar en que el Nuevo Testamento nos hable de veras de Jesús o de su enseñanza.

Sin embargo, con mucho, la mayor parte de esas diferencias no es importante. Por ejemplo, una copia podría llamar al escritor del cuarto Evangelio «Juan» y otro de daría su nombre como «Juann».

O algunas copias quizá llamen a Jesús «Señor» en cierto lugar, mientras que otras copias quizá usen «él» en el mismo lugar. Sin duda, tales diferencias no cambian nada el significado. Aun así, algunas diferencias tienen desacuerdos. Por ejemplo, algunas copias dan 1 Juan 1:4 como «que *nuestro* gozo sea completo» (NBLH), mientras que otras lo dan como «que el gozo de *ustedes* sea completo» (RVC). Eso cambia el significado, pero no cambia ninguna enseñanza principal de la Biblia. Es más, no hay diferencias que cambien las principales enseñanzas de la Biblia[21].

PRUEBA DE LA EVIDENCIA INTERNA

La prueba bibliográfica solo demuestra que el Nuevo Testamento que tenemos ahora es lo que se escribió en el principio. No solo tenemos que ver aún si debe ser confiable, sino también cuánto debe ser confiable.

John W. Montgomery nos recuerda que Aristóteles dijo que debemos creer lo que dice un documento, a menos que haya una buena razón para no hacerlo. La mayoría de los estudiantes de la historia lo han aceptado como una regla buena y justa. Montgomery llegó a decir que esto significa que debemos escuchar las afirmaciones del documento. No debemos pensar que el escritor miente ni que comete errores a menos que podamos probar que dijo cosas que no son ciertas[22].

Louis Gottschalk fue profesor de Historia en la Universidad de Chicago. Explicó su método en un libro usado por muchos escritores de historia. Gottschalk señala que es útil para el lector si sabe que un escritor estaba en condiciones de conocer la verdad. Eso es cierto, dijo Gottschalk, incluso si hay alguna razón para dudar de la veracidad del documento[23].

El ser capaz de conocer la verdad está estrechamente relacionado con la cercanía del testigo a las cosas registradas tanto en la distancia como en el tiempo. El Nuevo Testamento lo escribieron hombres que estaban allí. Vieron y escucharon a Jesús, o se lo dijeron personas que lo vieron o escucharon. Ten en cuenta estas palabras del Nuevo Testamento:

Muy distinguido amigo Teófilo: Usted bien sabe que muchos se han puesto a escribir informes acerca de las cosas que han pasado entre nosotros. Las escribieron tal como nos las contaron quienes estuvieron con Jesús desde el principio. A ellos, Jesús los mandó a anunciar su mensaje. Yo también he estudiado con mucho cuidado todo lo sucedido, y creo conveniente ponerlo por escrito, tal y como sucedió (Lucas 1:1-3, TLA).

Los expertos están de acuerdo en que Lucas obtuvo bien los hechos de la historia. «La opinión general de los profesores liberales y conservadores es que Lucas es muy cuidadoso como escritor de la historia», explicó John McRay, profesor de Nuevo Testamento en la Universidad de Wheaton. «Lucas escribe bien y su escrito es fácil de leer. Su uso del idioma griego es casi tan bueno como el mejor de los escritores griegos. Escribe como un hombre educado. Los descubrimientos de la arqueología están mostrando una y otra vez que Lucas es fiel en lo que tiene que decir»[24].

Pedro escribió: «Cuando les enseñábamos acerca del poder de nuestro Señor Jesucristo y de su regreso, no estábamos inventando una historia, sino que con nuestros propios ojos vimos el gran poder de nuestro Señor» (2 Pedro 1:16, TLA).

Juan escribió: «Les anunciamos lo que hemos visto y oído, para que también ustedes tengan comunión con nosotros. Y nuestra comunión es con el Padre y con su Hijo Jesucristo» (1 Juan 1:3).

En otra ocasión, Juan escribió: «El que dice esto, también vio lo que pasó, y sabe que todo esto es cierto. Él cuenta la verdad para que ustedes crean» (Juan 19:35, TLA).

En Hechos, Lucas escribió: «Después de padecer la muerte, se les presentó dándoles muchas pruebas convincentes de que estaba vivo. Durante cuarenta días se les apareció y les habló acerca del reino de Dios» (Hechos 1:3).

Una vez más, Lucas informó las palabras de los apóstoles: «Nosotros no podemos dejar de hablar de lo que hemos visto y oído» (Hechos 4:20).

Lynn Gardner examinó justo los escritos de esos que vieron y escucharon a Jesús (Mateo, Juan, Pablo, Pedro, Jacobo y Judas). Dijo que en comparación con la evidencia de los demás libros antiguos, «tenemos un registro mucho mejor para nuestro conocimiento de Jesús»[25].

Debido a que los escritores del Nuevo Testamento escribieron cerca del tiempo de las cosas que informaban, podemos esperar que sus escritos sean ciertos. Todavía recordaban con claridad. Sin embargo, el escritor de la historia tiene que hacer frente a los testigos que dicen cosas que no son ciertas, ya sea a propósito o por accidente.

Norman Geisler inició el Seminario Evangélico del Sur y fue su primer presidente. Dijo que el gran número de testigos presenciales independientes y el tipo de hombres que eran ellos probaban que sus informes pueden ser confiables[26].

Las cosas del Nuevo Testamento que se informan de Cristo se comentaban durante la vida de los que vivieron en el mismo tiempo que vivió Él. Si las cosas que la Biblia dice acerca de Él no fueran ciertas, esas personas podían saberlo. En la predicación del evangelio, los apóstoles recurrieron al conocimiento común acerca de Jesús. Lo hicieron incluso cuando hablaban con los que se les oponían con mayor fuerza. Escucha lo que dijeron: «Jesús nazareno, que fue el varón que Dios aprobó entre ustedes por las maravillas, prodigios y señales que hizo por medio de él, como ustedes mismos lo saben» (Hechos 2:22, RVC).

Al decir Pablo estas cosas en su defensa, Festo gritó:

—¡Estás loco, Pablo! De tanto estudiar te has vuelto loco.

Pero Pablo contestó:

—No estoy loco, excelentísimo Festo; al contrario, lo que digo es razonable y es la verdad. Ahí está el rey Agripa, que conoce bien estas cosas, y por eso hablo con tanta libertad delante de él; porque estoy seguro de que él también sabe todo esto, ya que no se trata de cosas sucedidas en algún rincón escondido (Hechos 26-24-26, DHH).

Uno tiene que ser cuidadoso cuando le dice al enemigo: «Él también sabe todo esto». Si el enemigo no está de acuerdo con lo que se dice, de seguro que dirá que no.

F.F. Bruce dijo:

No solo los escritores del Nuevo Testamento tuvieron que tener en cuenta a los testigos presenciales favorables. Había otros testigos que no eran favorables hacia Jesús. Ellos, también, conocían los principales hechos de su vida y muerte. Si los discípulos decían cosas que no eran ciertas, esos otros estarían muy felices por corregirlos. Uno de los puntos fuertes en la predicación de los apóstoles fue recurrir al conocimiento de los oyentes. Los apóstoles no solo dijeron: «Nosotros somos testigos de estas cosas» (Hechos 5:32, NTV), sino también: «Como ustedes saben muy bien» (Hechos 2:22, DHH)[27].

Lawrence J. McGinley del *Saint Peter's College* habla sobre el valor de los testigos contrarios:

Los testigos de los hechos vivían todavía cuando se formó por completo la tradición. Entre esos testigos presenciales estaban los enemigos tenaces de la nueva iglesia. Sin embargo, la tradición exigía que se contara una serie de hechos bien conocidos. Lo hizo en un momento cuando se podrían, y serían, desmentidos los dichos falsos[28].

Por eso David Hackett Fischer, profesor de Historia en la Universidad de Brandeis, dijo que el informe de los testigos presenciales de los apóstoles es la mejor evidencia[29].

Robert Grant, de la Universidad de Chicago, dijo que cuando Mateo, Marcos y Lucas escribieron, había testigos presenciales. Esto significa que los Evangelios deben considerarse como informes confiables de la vida, muerte y resurrección de Jesús[30].

Will Durant pasó su vida en el estudio y la escritura de la historia. Dijo que los escritores del Nuevo Testamento incluyeron muchas cosas que no se hubieran incluido si estuvieran inventando la historia de Jesús. Ten en cuenta estas cosas: «Varios de los apóstoles le pidieron a Jesús que los pusiera en los lugares más altos de su Reino. Eso hizo enojar a algunos de los demás apóstoles».

Cuando arrestaron a Jesús, sus discípulos huyeron.

En el momento del juicio de Jesús, Pedro negó que incluso lo conociera a Él.

Jesús no pudo hacer ninguna obra maravillosa en Nazaret, su ciudad natal.

Algunas de las personas que escucharon a Jesús enseñar pensaron que estaba loco.

Al principio de su ministerio, Jesús parecía no estar seguro de su misión.

Jesús dijo que no conocía el futuro.

A veces Jesús parecía estar amargado.

Cuando estaba en la cruz, Él clamó que Dios lo había abandonado.

Durant escribió:

Que unos pocos y sencillos hombres inventaran un Hombre como Jesús sería una maravilla. Sería un milagro mucho mayor que cualquiera de las obras maravillosas registradas en los Evangelios. Después de años de crítica de la forma, la vida y las enseñanzas de Cristo siguen siendo lo suficientemente claras. Y muestran que la historia de Jesús es la historia más interesante de la historia del mundo occidental[31].

PRUEBA DE LA EVIDENCIA EXTERNA

La tercera prueba es de la evidencia externa. La cuestión aquí es ver si otro material confirma o niega lo que dicen los documentos. En otras palabras, ¿qué otro material está de acuerdo con lo que dice el Nuevo Testamento?

Louis Gottschalk dijo que «de acuerdo con otros hechos conocidos, a menudo la prueba de la evidencia es la más importante»[32].

Dos discípulos del apóstol Juan confirman la evidencia interna que dan los escritos de Juan. El primer discípulo de Juan fue Papías, obispo de Hierápolis (130 d. C.). En su *Historia de la Iglesia*, Eusebio dice esto de Papías:

El Anciano [el apóstol Juan] solía decir esto también: «Marcos escribió con cuidado todo lo que Pedro contó que Cristo dijo e hizo. Sin embargo, no los escribió en orden. Debido a que Marcos no viajó con Jesús y nunca lo escuchó hablar. Más tarde, no obstante, viajó con Pedro. En su predicación y enseñanza, Pedro le dijo cosas que Jesús dijo e hizo. Por lo tanto, Marcos no cometió ningún error, escribiendo de esta manera las cosas como las contó Pedro. Marcos tuvo el cuidado de poner todo lo que le escuchó decir a Pedro, pero no puso nada falso[33].

El segundo discípulo de Juan fue Policarpo. Policarpo se convirtió en obispo de Esmirna y fue cristiano durante ochenta y seis años. Uno de los discípulos de Policarpo fue Ireneo, más tarde obispo de Lyon (180 d. C.). Ireneo escribió de lo que aprendió de Policarpo:

Mateo publicó su Evangelio entre los hebreos [es decir, judíos] en su propio idioma cuando Pedro y Pablo predicaban el evangelio en Roma y fundaban la iglesia allí. Después de la muerte de Pedro y Pablo, Marcos, el discípulo de Pedro, nos dejó por escrito los puntos principales de la predicación de Pedro. Lucas, el seguidor de Pablo, dejó en un libro el evangelio predicado por su maestro. Luego

Juan, el discípulo del Señor, escribió su Evangelio, mientras vivía en Éfeso en Asia[34].

A menudo, la arqueología ofrece poderosa evidencia externa. Esto lo hace al proporcionar evidencia de que lo que dice la Biblia sucedió en realidad. El arqueólogo Joseph Free escribió que la arqueología ha demostrado que la Biblia es exacta en muchos puntos donde los críticos dijeron que estaba equivocada[35].

Ya hemos visto cómo la arqueología causó que Sir William Ramsay cambiara sus primeras ideas acerca de Lucas. Ramsay aprendió que el libro de Hechos da un verdadero registro de las tierras de la Biblia y de las personas que vivían allí.

F.F. Bruce dijo que «donde la gente pensaba que Lucas no tenía cuidado acerca de los hechos, se ha demostrado que está de acuerdo por completo con los hechos conocidos. Por lo tanto, podemos decir que la arqueología ha demostrado que el registro del Nuevo Testamento es verdad»[36].

A.N. Sherwin-White, un estudioso de la historia griega y romana, escribió que «la confirmación de que el libro de los Hechos es una historia auténtica es demasiado grande para que se niegue». Continúa diciendo que «cualquier intento de decir que Hechos no es una historia auténtica, incluso en los puntos más pequeños, ahora debe parecer tonto. Durante muchos años, los que estudian la historia de Roma han aceptado Hechos como una historia auténtica»[37].

Después de tratar de demostrar que no se puede confiar en los libros de la Biblia, me vi obligado a decir que son completamente dignos de confianza. Si una persona rechaza la Biblia como historia pobre, debe rechazar todos los escritos de la antigüedad. Ningún otro documento tiene tanta evidencia para demostrar que puede ser confiable.

Muchas personas quieren usar una prueba para la Biblia y una diferente para todos los otros escritos. Sin embargo, debemos usar la misma prueba para los dos. Al hacerlo, estoy seguro de que la Biblia es confiable en su testimonio acerca de Jesús.

Clark H. Pinnock, profesor de teología en el *Regent College*, escribió:

Ningún otro documento del mundo antiguo tiene tanta evidencia auténtica para probar que puede ser confiable como lo tiene la Biblia. Ninguna persona sincera puede desechar un libro de este tipo. Cualquier persona que considera la evidencia de la Biblia y todavía la duda, llegó al asunto con su mente ya predispuesta[38].

Douglas Groothuis, profesor de Filosofía en el Seminario de Denver, señala que «el Nuevo Testamento está mejor confirmado por las copias antiguas que cualquier otro escrito de la antigüedad»[39].

¿QUIÉN MORIRÍA
POR UNA MENTIRA?

Los que dicen que el cristianismo no es cierto, a menudo olvidan un aspecto de la evidencia. No tienen en cuenta cómo cambió la vida de los apóstoles de Jesús. Las vidas cambiadas de esos hombres nos dan una evidencia sólida de la verdad de las afirmaciones de Cristo.

Puesto que la fe cristiana se basa en la historia, lo que sabemos de ella debe venir de los testigos. Sin testigos, no tenemos forma de saber nada de lo que sucedió en el pasado. ¿Cómo podríamos saber que Napoleón vivió? Ningún hombre que vive ahora estaba vivo en su tiempo. No lo vimos ni lo conocimos. Debemos depender de los testigos.

Aquí está el problema: ¿se puede confiar en los testigos de la Biblia? Debido a que lo que sabemos sobre el cristianismo se basa en testigos de hace mucho tiempo, ¿podemos estar seguros de que lo que dijeron es verdad? ¿La gente recordaba las palabras y los hechos de Jesús con suficiente claridad hasta que se escribieron estas cosas? ¿Podemos confiar en ellos? Creo que podemos.

Puedo confiar en lo que dijeron los apóstoles porque once de ellos murieron por lo que creían. Ellos creían que Cristo era Dios. Creían que Él resucitó después de su muerte. A estos hombres los encarcelaron y los golpearon. Al final, los mataron por algunos de los métodos más crueles conocidos en ese tiempo[1]. Seis de ellos murieron en cruces: Pedro, Andrés, Felipe, Bartolomé, Jacobo el hijo de Alfeo y Simón el zelote. A cuatro de ellos los asesinaron con armas de guerra: Jacobo hijo de Zebedeo, Tomás, Mateo y Tadeo. Solo Juan tuvo una muerte tranquila. Aun así, a él lo enviaron al exilio cuando era un anciano.

La gente a menudo dice: «Esos hombres murieron por una mentira. Muchas personas han hecho eso. Entonces, ¿qué es lo que prueba?». Sí, muchas personas han muerto por una mentira, pero les hicieron creer que era verdad. ¿Cuál fue el caso de los discípulos? Si Jesús no resucitó de entre los muertos, de seguro que los discípulos lo hubieran sabido. No puedo encontrar ninguna manera de que esos hombres no hubieran sabido si Jesús seguía muerto. Eso significa que no solo habrían muerto por una mentira, sino que habrían sabido que era una mentira. Sería difícil encontrar a once hombres en cualquier parte de la historia que morirían por una mentira que ellos sabían que era una mentira.

Veamos tres hechos que nos ayudan a entender por qué podemos creer que el testimonio de los apóstoles es cierto.

FUERON TESTIGOS PRESENCIALES

Los apóstoles escribieron y hablaron como testigos presenciales de la vida y las enseñanzas de Jesús. Pedro dijo: «Cuando les enseñábamos acerca del poder de nuestro Señor Jesucristo y de su regreso, no estábamos inventando una historia, sino que con nuestros propios ojos vimos el gran poder de nuestro Señor» (2 Pedro 1:16, TLA). Sin duda, los apóstoles conocían la diferencia entre la verdad y la mentira.

Juan dijo que lo que sabían de Cristo se basaba en el testimonio personal.

Les escribimos a ustedes acerca de aquello que ya existía desde el principio, de lo que hemos oído y de lo que hemos visto con nuestros propios ojos. Porque lo hemos visto y lo hemos tocado con nuestras manos. Se trata de la Palabra de vida. Esta vida se manifestó: nosotros la vimos y damos testimonio de ella, y les anunciamos a ustedes esta vida eterna, la cual estaba con el Padre y se nos ha manifestado. Les anunciamos,

pues, lo que hemos visto y oído, para que
ustedes estén unidos con nosotros, como
nosotros estamos unidos con Dios el Padre y
con su Hijo Jesucristo (1 Juan 1:1-3, DHH).

Cerca del final de su Evangelio, Juan dijo:
«Jesús hizo muchas otras señales milagrosas en
presencia de sus discípulos, las cuales no están
registradas en este libro» (Juan 20:30).

Lucas dijo:

Muy distinguido amigo Teófilo: Usted bien
sabe que muchos se han puesto a escribir informes acerca de las cosas que han pasado
entre nosotros. Las escribieron tal como nos
las contaron quienes estuvieron con Jesús
desde el principio. A ellos, Jesús los mandó
a anunciar su mensaje. Yo también he estudiado con mucho cuidado todo lo sucedido,
y creo conveniente ponerlo por escrito, tal y
como sucedió (Lucas 1:1-3, TLA).

Luego, en el libro de Hechos, Lucas describió
las seis semanas después que Jesús resucitó de los
muertos.

Estimado Teófilo, en mi primer libro me
referí a todo lo que Jesús comenzó a hacer
y enseñar hasta el día en que fue llevado al
cielo, luego de darles instrucciones por medio

del Espíritu Santo a los apóstoles que había escogido. Después de padecer la muerte, se les presentó dándoles muchas pruebas convincentes de que estaba vivo. Durante cuarenta días se les apareció y les habló acerca del reino de Dios» (Hechos 1:1-3).

TENÍAN QUE ESTAR SEGUROS

Cuando arrestaron a Jesús, los apóstoles huyeron (Marcos 14:50). Pensaron que su misión fracasó cuando Él murió en la cruz. Cuando le dijeron que su cuerpo había desaparecido, no lo creyeron (Lucas 24:11). Solo después que tuvieron una clara evidencia, creyeron que había resucitado de entre los muertos.

Tomás no estaba allí cuando se les dio esa evidencia, y no les creería a los otros. Dijo que no iba a creer que Cristo resucitó de entre los muertos hasta que pusiera su dedo en las heridas de Cristo. Más tarde, a Tomás lo mataron porque predicaba que Cristo se levantó de entre los muertos. ¿Estaba creyendo una mentira? Estaba seguro de que no lo era.

Después que arrestaron a Jesús, Pedro dijo varias veces que no era su discípulo. Dijo que ni siquiera conocía a Jesús. Sin embargo, algo le sucedió a Pedro. No mucho tiempo después de la muerte de Cristo, Pedro estaba en Jerusalén y predicaba que Él había resucitado. Sabía que lo podían matar por decir tales cosas. Más tarde, a Pedro le dieron muerte en una cruz. ¿Qué pudo haber hecho tan valiente a alguien tan cobarde? ¿Por qué Pedro ahora estaba dispuesto a morir por Él cuando huyó antes? ¿Estaba el apóstol creyendo una mentira? Eso no puede ser cierto.

Encontramos la razón para el cambio de Pedro en 1 Corintios 15:5. Se nos dice que después que Jesús resucitó de entre los muertos, Él «se le apareció a Pedro» (TLA). Pedro vio a Jesús después de resucitar de entre los muertos, y creyó. Pedro creyó de manera tan fuerte que estuvo dispuesto a morir por su creencia.

El mejor ejemplo de un hombre que creyó en contra de su voluntad fue Jacobo, el hermano de Jesús. Mientras que Jacobo crecía, Jesús era su hermano mayor. Luego, cuando Jesús comenzó su ministerio, Jacobo no podía creer que su hermano era el Hijo de Dios (Juan 7:5). Jacobo debió sentir vergüenza cuando su hermano andaba de un sitio para otro haciendo tales afirmaciones alocadas. ¿Qué pensarías tú si tu hermano se fuera por toda la ciudad afirmando ser el Hijo de Dios?

Sin embargo, algo le pasó a Jacobo. Después que mataron a Jesús, Jacobo estaba predicando en Jerusalén. Su mensaje era que Jesús murió por nuestros pecados y había resucitado. Con el tiempo, Jacobo se convirtió en un hombre principal en la iglesia de Jerusalén y escribió un libro, la Epístola de Santiago[2]. Comenzó ese libro escribiendo: «JACOBO, siervo de Dios y del Señor Jesucristo» (Santiago 1:1, RVA). Al final, a Jacobo lo apedrearon hasta la muerte por orden del sumo sacerdote[3].

¿Qué pudo haber cambiado a Jacobo de avergonzarse de su Hermano para estar dispuesto a morir porque creía que su Hermano era el Hijo de Dios? ¿Tenía Jacobo que creer una mentira? J.P. Moreland, profesor en la Escuela de Teología Talbot, respondió esta pregunta. Dijo: «¿Por qué cambió la vida de Jacobo? Pablo nos dice que Jesús, quien resucitó de entre los muertos, se le apareció (1 Corintios 15:7). No hay otra forma de explicar lo que le sucedió a Jacobo»[4].

Si no fuera cierto que Jesús resucitó de entre los muertos, los apóstoles lo hubieran sabido. ¿Contaban una historia que sabían que era mentira? Tal posibilidad no está de acuerdo con lo que sabemos acerca de la clase de hombres que eran los apóstoles. Condenaron la mentira y enseñaron a otros que siempre se debe decir la verdad. Alentaron a la gente a aprender la verdad. Edward Gibbon, que no es amigo de la iglesia cristiana, escribió *The Decline and Fall of the Roman Empire*. En este dio cinco razones para el rápido crecimiento de la iglesia. Una de esas razones era la vida pura y cuidadosa de los primeros cristianos»[5].

Michael Green, de la Universidad de Oxford, dijo que la creencia de que Jesús estaba vivo

> fue lo que cambió a los derrotados seguidores de un Maestro que murió en una cruz en testigos valientes. Esta fue la única creencia que separaba a los seguidores de Jesús de entre los judíos. Los podían poner en la cárcel, los podían golpear e incluso matar, pero uno no podía hacer que negaran su convicción de que «resucitó al tercer día»[6].

SE CONVIRTIERON EN VALIENTES

La vida valiente de los apóstoles justo después que llegaron a creer que Jesús estaba vivo hace que sea muy poco probable que se tratara de una mentira. Se convirtieron en valientes casi en seguida. Pedro, quien dijo que no conocía a Cristo, se mantuvo firme y les dijo a todos que Jesús estaba vivo, a pesar de que sabía que podría morir por eso. Los funcionarios arrestaban a los seguidores de Cristo y los golpeaban, pero pronto regresaban de nuevo a las calles hablando acerca de Jesús (Hechos 5:40-42). Recuerda que los apóstoles no utilizaron sus valientes palabras solo en las ciudades pequeñas. Ellos predicaron en Jerusalén, donde el peligro era más grande.

Los seguidores de Jesús no podrían haber enfrentado la tortura y la muerte a menos que de veras creyeran la resurrección de Él. Todos estaban de acuerdo con el mensaje. Las posibilidades en contra de que un grupo tan grande de personas estuviera de acuerdo sobre algo tan peligroso eran enormes. Si la historia no fuera verdad, es difícil explicar por qué al menos uno de ellos no se diera por vencido bajo la presión.

Blaise Pascal, el filósofo francés, escribió:

La acusación de que los apóstoles mentían es una locura. Sigamos la acusación hasta su fin razonable. Imaginemos a los apóstoles reunidos después de la muerte de Cristo y entrando en un acuerdo para decir que había resucitado. Eso habría sido un ataque contra el gobierno y los funcionarios religiosos. El corazón del hombre es dado a cambiar. Se ve afectado por las promesas y tentado por las cosas materiales. Si alguno de esos hombres hubiera cedido a las tentaciones, si alguno de ellos le hubiera dado el paso al miedo de la prisión o la tortura, todos hubieran estado perdidos[7].

J.P. Moreland explicó:

Cuando a Jesús lo condenaron a muerte, sus seguidores estaban derrotados y con miedo.

Ya no creían que Dios envió a Jesús porque creían que a cualquiera que lo colgaran en un madero estaba maldecido por Dios. Se les había enseñado que Dios no dejaría que su Cristo sufriera la muerte. Así que todos huyeron. Se acabó el sueño. Entonces, al poco tiempo, los vemos dejando sus trabajos, reuniéndose y saliendo a anunciar el mensaje. Ese mensaje fue que Jesús era el Cristo que murió en la cruz, resucitó y ellos lo vieron vivo. Además, estaban dispuestos a pasar el resto de su vida predicando ese mensaje, sin nada que ganar según el punto de vista de los hombres.

Afrontaron una vida dura. A menudo salían sin comida, no tenían un lugar para dormir, los golpeaban y los encarcelaban. Y, al final, a la mayoría de ellos los torturaron y los condenaron a muerte. ¿Por qué lo harían? ¿Lo hicieron porque esperaban ver algún bien de alguien? No. Lo hicieron porque estaban seguros de que vieron a Jesús vivo de entre los muertos. Lo que no se puede explicar es cómo surgió este grupo de hombres con esta creencia si Jesús no resucitó de la muerte. No hay manera de explicarlo[8].

Michael Green preguntó:

¿Cómo se transformaron tan pronto en un grupo tan valiente? ¿De dónde sacaron el espíritu de desafiar a cualquier enemigo? ¿Cómo podrían entregarse a sí mismos a una vida tan dura, y hasta la cárcel y la muerte? ¿Qué los llevó a ir por todas partes anunciando a Jesús y su regreso de entre los muertos?[9]

Un escritor describió los cambios que ocurrieron en las vidas de los apóstoles:

El día que Cristo murió se llenaron de tristeza. En el primer día de la semana estaban felices. Cuando Cristo murió, estaban sin esperanza. En el primer día de la semana, sus corazones se llenaron de esperanza. Cuando se enteraron de que Jesús resucitó de entre los muertos, no lo podían creer. Sin embargo, una vez que estuvieron seguros de que era verdad, nunca dudaron de nuevo. ¿Qué podría explicar el sorprendente cambio de estos hombres en un tiempo tan corto?

Solo el hecho de la desaparición de su cuerpo nunca lo podrían cambiar. Tres días no es tiempo suficiente para que se desarrollara una historia popular de modo que los afectara. Es un problema que se debe explicar. Piensa en la clase de personas que eran esos hombres y mujeres que le dieron al mundo la enseñanza más importante que haya existido jamás. Incluso sus enemigos admiten que vivían esa valiosa enseñanza en su propia vida. Piensa en la forma en que estaban escondidos en una habitación en lo alto un día, y pocos días más tarde estaban predicando un mensaje que no podría silenciar el temor. Entonces, dime qué notable cambio se basa en nada más que una mentira con la que trataban de presionar al mundo. En realidad, eso no tendría sentido[10].

Kenneth Scott Latourette escribió:
Los efectos de la resurrección y la venida del Espíritu Santo sobre los discípulos fueron [...] de gran importancia. Derrotaron a hombres y mujeres que miraban de nuevo los días en que esperaban que Jesús «fuera el que iba a liberar al pueblo judío». Ahora, se transformaron en una compañía de testigos entusiasmados[11].

N.T. Wright fue profesor de Nuevo Testamento en la Universidad de Oxford, Inglaterra. Dijo:

El estudiante de Historia tiene que preguntar: «¿Cómo se explica el hecho de que esta charla del Reino se esparciera tan rápidamente de Jesús como el Cristo, a pesar de que a Jesús lo condenaron a muerte en la cruz?». La respuesta tiene que ser porque Él resucitó de entre los muertos. No puede haber otra respuesta[12].

Paul Little fue profesor de evangelización en la *Trinity Evangelical Divinity School*. Preguntó:

¿Fueron estos hombres, quienes ayudaron a cambiar nuestro mundo tan completamente, los más grandes mentirosos o fueron hombres locos que aceptaron una mentira? Ambas posibilidades son más difíciles de aceptar que la de creer que Jesús resucitó de entre los muertos. Y no hay evidencia para cualquiera de las dos[13].

La valentía de los apóstoles, aun ante la muerte, no se puede explicar. La *Enciclopedia Británica* dice que Orígenes informa que a Pedro lo clavaron en la cruz con la cabeza apuntando hacia abajo. Herbert B. Workman, un experto en historia de la iglesia, describió la muerte del apóstol:

Así que a Pedro, como dijo nuestro Señor, lo vistió otro, y lo llevaron a la muerte a lo largo de la vía Aurelia. El lugar estaba cerca de los jardines de Nerón en la colina del Vaticano. Había muchos de sus hermanos cristianos que ya habían sufrido una muerte cruel. A petición propia, lo pusieron cabeza abajo, puesto que no era digno de padecer como su Maestro[14].

Harold Mattingly, quien enseñó en la Universidad de Leeds, escribió:

«Los apóstoles Pedro y Pablo terminaron su testimonio con su sangre»[15]. Tertuliano escribió que «ningún hombre estaría dispuesto a morir a menos que supiera que tenía la verdad»[16].

Simon Greenleaf, un profesor de derecho en la Universidad de Harvard, enseñó durante años sobre cómo analizar a un testigo y ver si estaba mintiendo. Escribió:

La historia da apenas ejemplos de tales hombres valientes y heroicos. Ellos [los apóstoles] tenían todos los motivos posibles para examinar con cuidado la base de su fe en la evidencia y los grandes hechos y verdades que predicaban[17].

El profesor de Historia Lynn Gardner preguntó:

¿Por qué iban a morir por lo que sabían que era una mentira? A una persona la podrían confundir y morir por una mentira. Sin embargo, los apóstoles estaban en condiciones de conocer los hechos acerca de la resurrección de Jesús de entre los muertos, y aun así murieron por esto[18].

Tom Anderson fue presidente de la Asociación de Abogados de California. Dijo:

¿Qué tal si las historias de cientos de personas que vieron a Cristo vivo después de su muerte fueran falsas? ¿No crees que alguien hubiera informado que vio el cuerpo de Cristo? En cambio, nadie lo ha logrado. Nadie ha dado nunca ninguna prueba de que Cristo permaneció muerto. Ese silencio es una de las grandes evidencias de que Cristo resucitó de entre los muertos[19].

Los apóstoles pasaron a través de su propia prueba de la muerte para demostrar la veracidad de lo que enseñaban. Creo que puedo confiar más en lo que dicen ellos de lo que puedo confiar en la palabra de la mayoría de la gente con la que me encuentro hoy en día. Lamento encontrar a tantas personas a quienes les falta la suficiente convicción incluso para cruzar la calle por lo que creen, mucho menos para morir por esto.

Capítulo
8

¿PARA QUÉ SIRVE UN CRISTO MUERTO?

Las personas han muerto por causas que creían que eran buenas. En los años sesenta, muchos budistas se prendieron fuego hasta morir con el fin de hacer que el mundo tuviera en cuenta la situación en el sudeste de Asia. A principios de la década de 1970, un estudiante de San Diego se prendió fuego hasta la muerte para demostrar que se oponía a la guerra de Vietnam. En septiembre de 2001, varios musulmanes estrellaron grandes aviones en los edificios del Centro del Comercio Mundial de Nueva York y el Pentágono. Querían hacerle daño a una nación que consideraban enemiga de su religión.

Los apóstoles pensaban que tenían una causa por la que valía la pena morir. Sin embargo, estaban sorprendidos y muy decepcionados cuando su Maestro murió en la cruz. Creían que Él era el Cristo y que no moriría. Estaban seguros de que

Él crearía el reino de Dios y gobernaría al pueblo de Israel. Su muerte destruyó todas sus esperanzas.

Con el fin de entender por qué los apóstoles pensaban que Cristo no iba a morir, debes tener en cuenta lo que los judíos esperaban de la venida de Cristo. Desde que eran niños, a los judíos se les enseñaba que Cristo sería un rey que vencería a todos sus enemigos. Él los liberaría de los romanos y haría de Israel una nación independiente. Un Cristo que sufría era «extraño por completo a la idea judía de Cristo»[1].

E.F. Scott, profesor del Seminario Teológico Unión, explicó por qué los judíos esperaban que Cristo viniera en ese tiempo:

> El período fue uno de descontento emocional. Los líderes religiosos encontraban que era casi imposible calmar las emociones profundas de las personas. Los judíos de todo el mundo estaban esperando la venida del Salvador prometido. Es probable que su entusiasmo hubiera aumentado por las cosas que habían sucedido en los últimos años.
>
> Durante más de cuarenta años, los romanos les habían quitado las libertades a los judíos. Las acciones de los romanos solo hacían que los judíos fueran más fieles a su propio país. El sueño de libertad y de un

Salvador-rey que iba a ganar esa libertad tuvo un nuevo significado en ese momento difícil. Sin embargo, en sí mismo no era nada nuevo. Detrás de la emoción de los judíos que podemos ver en los Evangelios hubo un largo período de espera con esperanza.

Para la mayoría de los judíos, el Cristo siguió siendo lo que fue para Isaías y la gente de su época más de setecientos años antes. Él era el Hijo de David que traería la victoria y abundancia a la nación judía[2].

Joseph Klausner, un experto judío, escribió que los judíos esperaban que Cristo fuera más que un gran gobernador. Él también sería un hombre de acciones y pensamientos puros[3].

Jacob Gartenhaus, quien comenzó la Junta Internacional de Misiones Judías, escribió: «Los judíos esperaban al Cristo como el Único que los libraría de los romanos [...] la esperanza en el Cristo era sobre todo por libertad para su país»[4].

La *Enciclopedia Judía* dice que los judíos:

esperaban por el Salvador prometido de la casa de David, quien los liberaría de los odiados extranjeros. Él le pondría fin al impío gobierno romano y establecería su propio gobierno de paz y justicia en su lugar[5].

Los judíos recibían la esperanza de la idea del Salvador prometido. Los apóstoles creían lo mismo que los demás judíos. Como dijo Millar Burrows de la Escuela de Divinidades de la Universidad de Yale: «Jesús era muy diferente a lo que esperaban los judíos que sería el hijo de David. Sus propios discípulos encontraron casi imposible conectar la idea de Cristo con Él»[6].

A los discípulos no les gustaba escuchar a Jesús hablar de su próxima muerte en la cruz (Lucas 9:22).

A.B. Bruce dijo que allí

parece haber estado la esperanza de que Jesús estaba demasiado preocupado por la situación y que sus temores resultarían equivocados. La idea de un Cristo crucificado era una vergüenza terrible para los judíos, incluyendo a los apóstoles. Seguiría siendo una vergüenza para la mayoría de los judíos después que el Señor se fue al cielo[7].

Alfred Edersheim tuvo razón al decir que «Cristo era diferente por completo de sus tiempos»[8].

Él no era en absoluto lo que esperaba la gente de su época.

En el Nuevo Testamento podemos ver lo que pensaban los apóstoles acerca de Jesús. Pensaban que todo en Él era justo lo que esperaban del

Cristo. Aun así, cuando Jesús les dijo que tenía que ir a Jerusalén para sufrir y morir, ellos no podían entenderlo. Eso no se ajustaba a lo que se esperaba de Él. Incluso, Jacobo y Juan le pidieron que les prometiera darles los lugares más importantes de su reino (Marcos 10:32-38). ¿Estaban pensando en el sufrimiento de un Cristo que iba a morir en una cruz? No. Estaban pensando en Jesús como un Rey. Él les dijo que no sabían lo que estaban pidiendo.

Debido a su formación en la idea judía de Cristo, los apóstoles pensaban que solo las cosas buenas le sucederían a Él. Entonces, vino su muerte en la cruz. Toda esperanza de que Jesús fuera su Cristo murió en la cruz. Estaban seguros de que todos esos años con Jesús no sirvieron de nada.

George Eldon Ladd, ex profesor de Nuevo Testamento en el Seminario Teológico Fuller, escribió:

> También fue por eso que sus discípulos huyeron cuando lo arrestaron. Sus mentes estaban llenas por completo con la idea de un Cristo que vencería a todos sus enemigos. Cuando lo vieron golpeado y colgado en una cruz para morir, se destruyeron todas sus esperanzas por Jesús. Es un hecho que oímos solo los que estamos dispuestos a escuchar. Por eso es que los apóstoles no

entendían las palabras de Jesús acerca de su próximo sufrimiento y muerte[9].

Sin embargo, unas semanas después de su muerte, los discípulos fueron a Jerusalén predicando a Jesús como Salvador y Señor. Decían que Él era el Cristo que habían esperado los judíos. La única manera en que puedo explicar ese cambio se encuentra en 1 Corintios 15:5: «Primero se le apareció a Pedro» (TLA). Después, Pablo nos dice que a Él lo vieron los doce apóstoles. ¿Qué otra razón podría haber hecho que los apóstoles salieran, sufrieran y murieran por un Cristo que murió en una cruz por ellos?

Esos hombres aprendieron la verdad de que Jesús es el Cristo de los judíos, el Salvador del mundo.

Los judíos no entendieron eso. Su lealtad a su nación los llevaba a buscar un Cristo solo para su nación. Lo que vino en su lugar fue un Salvador para el mundo. Él vino a hacer más que darle a una nación la libertad de la esclavitud de otra nación. Él vino a libertar a todos los hombres de ser esclavos del pecado. El sueño de los apóstoles había sido muy pequeño. Al final, vieron la verdad mayor.

Sí, muchas personas han muerto por una buena causa, pero la buena causa de los apóstoles murió en la cruz. Al menos, eso fue lo que pensaron al principio. Solo al ver a Cristo después de su resurrección de entre los muertos les hizo entender que Él era de verdad el Cristo. Ellos no solo testificaron con sus bocas y sus vidas, sino también con sus muertes.

¿TE ENTERASTE DE LO QUE LE OCURRIÓ A SAULO?

Un amigo mío cristiano llamado Jack ha hablado en muchas universidades. Cuando llegó una mañana a una universidad, se enteró que los estudiantes tenían planes para que él tuviera una discusión pública esa noche con un profesor popular. El profesor no creía en la existencia de Dios y se oponía al cristianismo. Jack fue el primero en hablar. Analizó las evidencias que probaban que Jesús resucitó de los muertos. Además, dijo cómo Pablo se convirtió en cristiano. Después habló acerca de cómo Cristo cambió su propia vida cuando era un estudiante en la universidad.

Cuando el profesor se paró para hablar, estaba muy nervioso. No podía negar la evidencia para la resurrección de Cristo ni para el cambio en la vida de Jack. Así que atacó el gran cambio en la vida del apóstol Pablo. Usó el argumento de que las personas a menudo pueden llegar a estar tan involucradas en lo que combaten que acaban aceptándolo.

Mi amigo sonrió con amabilidad y dijo: «Es mejor que tenga cuidado, amigo, o es probable que se haga cristiano».

La historia del apóstol Pablo es uno de los testimonios más poderosos del cristianismo. Saulo de Tarso quizá fuera el enemigo que más rechazaba la iglesia primitiva. Estuvo muy activo en la causa judía y fue un verdadero líder. Su nacimiento en Tarso le dio la oportunidad de obtener la mejor educación de esa época. Tarso era una ciudad universitaria conocida por sus grandes maestros y cultura. Estrabón, un profesor griego, alabó a Tarso por su fuerte interés en la educación y la búsqueda de la sabiduría[1].

El padre de Saulo era un ciudadano de Roma de modo que ese gran honor pertenecía a Saulo también. Saulo parecía estar bien preparado en el pensamiento y la cultura griega. Tenía un gran dominio del idioma griego y podía razonar bien. A menudo utilizaba las palabras de escritores y pensadores importantes que muchas personas ni siquiera conocían.

En uno de sus sermones, Pablo usó las palabras de tres escritores griegos: Arato, Epiménides y Cleantes (Hechos 17:28). En una carta, Pablo dijo las palabras de Menandro: «No se dejen engañar: "Las malas compañías corrompen las buenas costumbres"» (1 Corintios 15:33). En una carta posterior, Pablo usó de nuevo las palabras de Epiménides: «Fue precisamente uno de sus propios profetas el que dijo: "Los cretenses son siempre mentirosos, malas bestias, glotones perezosos"» (Tito 1:12).

La educación de Saulo fue judía y se llevó a cabo bajo las exigentes enseñanzas de los fariseos. Cuando Saulo tenía unos catorce años de edad, lo enviaron a estudiar a Jerusalén bajo Gamaliel, uno de los principales maestros judíos de la época. Pablo dijo que él no solo era fariseo, sino también familia de los fariseos (Hechos 23:6, TLA). Podía decir: «Cumplí con la religión judía mejor que muchos de los judíos de mi edad, y me dediqué más que ellos a cumplir las enseñanzas recibidas de mis antepasados» (Gálatas 1:14, TLA).

A fin de comprender por qué Saulo se hizo cristiano, es necesario ver por qué se opuso tanto al cristianismo. Su amor por la Ley judía fue lo que lo hizo pelear contra Cristo y la iglesia primitiva.

Jacques Dupont escribió:

La ofensa de Saulo con el mensaje cristiano no era por la afirmación de que Jesús era el Cristo judío. Fue la afirmación de que Jesús salva del pecado aparte de la Ley.

Saulo rechazaba la fe cristiana debido a la importancia que le daba a la Ley como un camino de la salvación[2].

La *Enciclopedia Británica* dice que los cristianos se oponían a todo lo que creía Saulo acerca de Dios[3]. Él quería destruir la iglesia cristiana (Hechos 8:3; Gálatas 1:13). Por lo tanto, Saulo comenzó a buscar la muerte de todos los cristianos (Hechos 26:9-11). Fue al sumo sacerdote y le pidió cartas escritas para los lugares de culto judío en Damasco. Quería que esas cartas le permitieran llevarse preso a cualquier cristiano, ya fuera hombre o mujer, que se encontrara allí y traerlo de vuelta a Jerusalén para un juicio. El sumo sacerdote tenía las cartas escritas, y Saulo salió para Damasco.

Entonces, algo le pasó a Saulo. Cuando estaba cerca de Damasco, una luz del cielo brilló sobre él. La luz era tan brillante que Saulo cayó al suelo. Oyó una voz del cielo que decía: «Saulo, Saulo, ¿por qué me persigues?». Saulo dijo: «¿Quién eres, Señor?». La voz le respondió: «Yo soy Jesús, el mismo a quien estás persiguiendo». Saulo estaba sorprendido y asustado, y le preguntó qué quería que hiciera. Y el Señor le dijo: «Levántate y entra en la ciudad; allí te dirán lo que debes hacer» (Hechos 9:1-6, DHH).

La brillante luz del cielo dejó ciego a Saulo. Los que viajaban con él tuvieron que guiarlo hasta Damasco. Durante tres días y tres noches, Saulo no comió ni bebió nada. Pasó todo ese tiempo en oración. Dios le habló a Ananías, un cristiano de Damasco, y le dijo que fuera donde se estaba quedando Saulo. Dios le dijo a Ananías que pusiera sus manos sobre Saulo para que Saulo dejara de ser ciego. Cuando Ananías supo que era Saulo al que le enviaba Dios, tuvo mucho miedo de ir. Sin embargo, Dios le dijo: «Ve, porque he escogido a ese hombre para que hable de mí a la gente de otras naciones, y a sus reyes, y también a los israelitas» (Hechos 9:8-15, DHH).

Así que Ananías fue a la casa donde se estaba quedando Saulo:

Al entrar, puso sus manos sobre él, y le dijo:

—Hermano Saulo, el Señor Jesús, el que se te apareció en el camino por donde venías, me ha mandado para que recobres la vista y quedes lleno del Espíritu Santo.

Al momento cayeron de los ojos de Saulo una especie de escamas, y recobró la vista. Entonces se levantó y fue bautizado.

(Hechos 9:13-19, DHH)

Como resultado de esta experiencia, Pablo se consideró que era un testigo del Cristo que resucitó de entre los muertos. Más adelante, escribió: «¿No he visto a Jesús nuestro Señor?» (1 Corintios 9:1). La aparición del Señor en el camino de Damasco, lo comparó cuando Cristo mismo se les apareció a los otros apóstoles después de su muerte. «Por último, como a uno nacido fuera de tiempo, se me apareció también a mí» (1 Corintios 15:8).

Saulo no solo vio a Jesús, sino que no podía negar lo que le dijo Jesús que hiciera. No predicó el evangelio debido a que escogió hacer eso, sino porque tenía que hacerlo. «Cuando predico el evangelio, no tengo de qué enorgullecerme, ya que estoy bajo la obligación de hacerlo» (1 Corintios 9:16).

Recuerda que el encuentro de Saulo con Jesús fue inesperado por completo. Pablo escribió: «De repente, como a las doce del día, vino del cielo una fuerte luz y todo a mi alrededor se iluminó» (Hechos 22:6, TLA). No tenía idea de quién podría ser esta persona celestial. Cuando la voz anunció que era Jesús, Saulo se sobresaltó en gran manera y comenzó a temblar de miedo.

Quizá no sepamos todos los detalles de lo que le pasó a Saulo en el camino a Damasco, pero sabemos esto: La experiencia le dio un cambio total a cada aspecto de su vida.

En primer lugar, el carácter de Pablo cambió por completo. La *Enciclopedia Británica* dice que antes de ser cristiano, era amargado y orgulloso.

No aceptaba a la gente que no estaba de acuerdo con él. Después de convertirse en cristiano, la *Enciclopedia Británica* lo describe como amable y amoroso[4]. Kenneth Scott Latourette dice: «Todo lo que le dio vida a Pablo, sin embargo, fue una profunda experiencia religiosa. Esto le levantó de una naturaleza casi enferma a un hombre de influencia duradera en el mundo»[5].

En segundo lugar, cambió la relación de Pablo con los seguidores de Jesús. Aprendieron que no tenían que temerle. «Saulo pasó algunos días allí en Damasco, con los seguidores de Jesús» (Hechos 9:19, TLA). Y cuando fue a Jerusalén para reunirse con los otros apóstoles, estos lo aceptaron (Hechos 19:27-28).

En tercer lugar, cambió el mensaje de Pablo. Aunque todavía amaba su nación judía, cambió de ser un terco enemigo a un predicador de la fe cristiana. «Luego Saulo comenzó a proclamar en las sinagogas que Jesús es el Hijo de Dios» (Hechos 9:20, DHH). Cambió lo que creía acerca de Dios. Su experiencia lo obligaba a reconocer que Jesús era el Cristo. Eso estaba en conflicto directo con sus creencias como fariseo. Su nuevo entendimiento de Cristo significó un cambio completo en su manera de pensar[6].

Jacques Dupont dijo que después que Saulo «había insistido en que ningún hombre que muriera en la cruz podía ser el Cristo, llegó a aceptar que Jesús era el Cristo. Eso lo hizo volver a considerar todas sus ideas acerca del Cristo»[7].

Además, ahora Pablo podía comprender que la muerte de Cristo en la cruz no era una maldición de Dios como él había pensado. En su lugar, era Dios arreglando la situación del mundo con Él mismo por medio de Cristo. Pablo llegó a entender que por su muerte en la cruz, Cristo llevó la maldición del pecado sobre sí mismo por nosotros (Gálatas 3:13). Vio que «Cristo nunca pecó. Pero Dios lo trató como si hubiera pecado, para declararnos inocentes por medio de Cristo» (2 Corintios 5:21, TLA).

En lugar de ver la muerte de Cristo como una derrota, Pablo la vio como una gran victoria. Esa victoria estuvo completa cuando Cristo resucitó de la muerte. La cruz ya no era una piedra de tropiezo, sino el centro del mensaje de salvación de Dios. La predicación misionera de Pablo se puede resumir con estas pocas palabras: «Les aclaró y explicó que era necesario que Cristo padeciera y resucitara de los muertos. Les decía: "Jesús, a quien yo les anuncio, es el Cristo"» (Hechos 17:3, RVC).

En cuarto lugar, cambió la misión de Pablo. Él cambió de ser un enemigo de los gentiles a ser un misionero para los gentiles. Cambió de ser un defensor de todas las cosas judías a ser un evangelista para los que no eran judíos. Como judío y fariseo, Saulo despreciaba a los gentiles por creer que no eran tan importantes para Dios como los judíos. La experiencia de Damasco lo cambió en el apóstol a los gentiles, no para hacerlos judíos, sino para llevarlos a la maravillosa libertad en Cristo. Pablo sabía que el Cristo que se le apareció era en sí el Salvador de todas las personas.

El cambio en Pablo fue tan profundo que «todos los que le oían se quedaban asombrados» (Hechos 9:21). Sabían que Saulo era el hombre que los golpeó y que mató a muchos discípulos en Jerusalén. Sabían que iba para Damasco para arrestar a los discípulos allí y llevarlos de regreso a Jerusalén. «Pero Saulo iba cobrando más fuerza, y confundía a los judíos que vivían en Damasco al demostrarles que Jesús era el Cristo» (Hechos 9:22, RVC).

Philip Schaff escribió:

Cuando Pablo se convirtió en cristiano, fue el momento clave en su historia personal. Aun así, también fue un momento clave en la historia de la iglesia y en la historia de la humanidad. Fue la cosa más importante que sucedió desde el día de Pentecostés. Eso aseguró la victoria del cristianismo en todo el mundo[8].

Un día, durante el almuerzo en la Universidad de Houston, me senté junto a un estudiante. Mientras discutíamos del cristianismo, me dijo que no había evidencia histórica para el cristianismo ni para Cristo. Le pregunté por qué pensaba eso. Él era un estudiante de Historia y uno de los libros que estaba estudiando era de la historia de Roma. Este tenía un capítulo entero acerca del apóstol Pablo y del cristianismo. El estudiante había leído el capítulo y encontró que comenzaba describiendo la vida de Saulo de Tarso y terminaba describiendo la vida del apóstol Pablo. El libro decía que no estaba claro lo que causó el cambio.

Me dirigí al libro de Hechos y le expliqué la aparición de Cristo a Saulo en el camino a Damasco. El estudiante vio en seguida que esta era la forma más lógica para explicar el gran cambio de Pablo. Esta pequeña evidencia faltante hizo que las piezas cayeran en su lugar para este joven. Más tarde se convirtió en cristiano.

Elías Andrews fue el director de *Queens Theological College*. Dijo: «Muchos han encontrado en el gran cambio de Saulo la más fuerte evidencia de la verdad y el poder del cristianismo. También ven en Pablo el valor y lugar de la Persona de Cristo[9].

Archibald McBride, un profesor en la Universidad de Aberdeen, escribió de Pablo: «Las cosas que hizo Pablo hacen que las cosas que hicieron

Alejandro y Napoleón parezcan sin importancia»[10].

Clemente de Alejandría, un líder cristiano de la antigüedad, dijo que Pablo «estuvo preso siete veces; predicó el evangelio en el este y el oeste; llegó a los límites del oeste; y murió como mártir bajo los gobernantes romanos»[11].

Muchas veces Pablo dijo que la vida del Jesús vivo cambió su vida. Estaba tan convencido que Cristo resucitó de los muertos que él, también, murió por lo que creía.

Gilbert West y Lord George Lyttleton se educaron en Oxford. Juntos decidieron destruir la fe cristiana. West iba a demostrar que Jesús no resucitó de la muerte. Lyttleton iba a probar que Saulo de Tarso nunca se convirtió en cristiano. Los dos hombres tuvieron un cambio total de corazón y mente, y se transformaron en entusiastas seguidores de Jesús.

Lord Lyttleton escribió: «El cambio en San Pablo por sí solo demuestra que el cristianismo era de Dios»[12]. Dijo que si los veinticinco años de sufrimiento y servicio de Pablo por Cristo fueron ciertos, su conversión era real, pues todo lo que hizo comenzó con ese cambio. Y si el cambio de Pablo era real, Jesucristo resucitó de la muerte, pues todo lo que Pablo fue e hizo resultó por ver al Cristo resucitado.

10

¿SE PUEDE CONTROLAR A UN HOMBRE BUENO?

Un estudiante en la Universidad de Uruguay me preguntó: «¿Por qué usted no pudo encontrar alguna manera de probar que el cristianismo es falso?».

Le respondí: «Por una sencilla razón. No logré explicar de ninguna manera el hecho de que Jesucristo resucitó de los muertos».

Pasé más de setecientas horas estudiando este asunto. Decidí que la historia de que Jesús resucitó de la muerte o bien es una de las mentiras más crueles contadas jamás o es el hecho más importante en la historia.

El hecho de que Jesús resucitó de entre los muertos lleva a la pregunta «¿Puede creerse en el cristianismo?» fuera del campo de la filosofía y convertirlo en una pregunta de la historia. ¿Hay evidencia suficiente para que sea razonable creer que Cristo resucitó de entre los muertos?

He aquí algunos de los asuntos y afirmaciones que son importantes para la pregunta. Jesús de Nazaret fue un maestro judío que afirmaba ser el Cristo que esperaban los judíos. Lo arrestaron, lo juzgaron como un criminal y lo condenaron a la muerte en una cruz. Tres días después de su muerte, algunas mujeres fueron al lugar donde pusieron su cuerpo y descubrieron que el cuerpo no estaba allí. Los discípulos de Cristo afirmaron que Dios lo resucitó de los muertos y que Él se les apareció muchas veces antes de ir al cielo.

El cristianismo se esparció por todo el Imperio romano y ha continuado teniendo una gran influencia a través de todo el mundo entero por casi dos mil años.

La gran pregunta es: ¿En realidad Jesús resucitó después de su muerte?

El entierro de Jesús

Después que a Jesús lo condenaron a muerte, le quitaron sus ropas y lo azotaron. Por lo general, los romanos azotaban al hombre antes de colgarlo en una cruz.

Alexander Metherell es doctor en medicina. Realizó un cuidadoso estudio del azotamiento de Cristo por los romanos. Explicó:

El soldado usaba un látigo hecho de varias piezas largas de cuero trenzadas entre sí con bolas de metal. Cuando el látigo golpeaba el cuerpo, las bolas causaban dolorosas heridas. La próxima vez que golpeaban esos lugares, se abrían las heridas y era más doloroso aún. El látigo también tenía pedazos de huesos afilados, los cuales cortaban el cuerpo.

A veces, la espalda de la víctima la herían tanto y de manera tan profunda que se podía ver parte del hueso. Los latigazos iban desde los hombros pasando por la espalda hasta las piernas. Era terrible. Un médico que estudió las golpizas romanas dijo: «A medida que continuaba la golpiza, las heridas se podían abrir hasta lo profundo del cuerpo». Eusebio describió la golpiza al decir: «Las partes más internas del cuerpo se quedaban al descubierto y podían verse».

Sabemos que muchas personas mueren a causa de este tipo de castigo incluso antes de llevarlas a la cruz. Al menos, la víctima podía experimentar un gran dolor y entrar en estado de choque[1].

John Dominic Crossan dijo que la muerte de Jesús «es tan segura como nunca se puede decir acerca de algo en el pasado»[2].

Después de su muerte, prepararon el cuerpo de Jesús para el entierro de la manera acostumbrada judía. Una pieza larga de tela la enrollaron una y otra vez alrededor de su cuerpo. Unos treinta y cuatro kilos de plantas olorosas se mezclaron juntas para hacer un líquido espeso. Esto se iba vertiendo en la tela a medida que se enrollaba alrededor del cuerpo (Juan 19:39-40). Después que pusieron el cuerpo en una tumba cortada en la roca sólida, se colocó una piedra muy grande contra la entrada. La piedra (pesaba unos dos mil kilos) era tan grande que tuvieron que utilizar barras de madera muy largas para moverla al lugar (Mateo 27:60).

Un grupo de soldados romanos se colocó delante de la tumba para protegerla. El miedo al castigo entre estos hombres los mantuvo despiertos a su deber, en especial durante la noche[3]. Los soldados pusieron el sello del gobierno romano en la tumba[4]. El sello estaba allí para evitar que nadie se llevara el cuerpo. Cualquiera que tratara de mover la piedra de la entrada de la tumba, tendría que romper el sello. Eso habría traído todo el peso de la ley romana sobre él.

No obstante, incluso con los soldados romanos y el sello romano, la tumba estaba vacía.

LA TUMBA VACÍA

Los seguidores de Jesús afirmaron que Él resucitó de los muertos. Dijeron que se les apareció en un período de cuarenta días. Él se les apareció de muchas maneras, así que podían estar seguros de que era Él en realidad (Hechos 1:3). El apóstol Pablo dijo que Jesús se le apareció a más de quinientos de sus seguidores a la vez. Casi todos estaban vivos cuando Pablo escribió y podían confirmar lo que decía Pablo (1 Corintios 15:3-8).

Arthur Michael Ramsey solía ser el arzobispo de Canterbury. Escribió: «Creo que Cristo resucitó de entre los muertos, en parte debido a una serie de hechos que no se pueden explicar de ninguna otra manera»[5]. Demasiada gente sabía de la tumba vacía para que se negara[6]. Paul Althaus dijo que la afirmación de que Cristo resucitó de entre los muertos «no podría haberse mantenido en Jerusalén ni siquiera por una hora si la tumba vacía no se hubiera establecido como un hecho»[7].

Paul L. Maier dijo que si toda la evidencia se analiza con cuidado y de manera justa, está claro que la tumba de Jesús estaba vacía en realidad. Maier añade que no se ha descubierto ni una pizca de evidencia que demuestre que la tumba no estaba vacía[8].

¿CÓMO PODEMOS EXPLICAR LA TUMBA VACÍA?

Basados en una gran cantidad de evidencia histórica, los cristianos creen que Jesús resucitó de entre los muertos por el poder de Dios. Puede haber problemas en creer eso. Sin embargo, los problemas por no creer son aún mayores.

La situación en la tumba después de la resurrección de Jesús es importante. El sello romano estaba roto, lo cual significaba que a quien lo rompió lo colgarían de cabeza en una cruz. La gran piedra la movieron lejos de la tumba, como si la hubieran levantado y llevado[9]. Los soldados romanos huyeron. Más tarde, el emperador Justiniano, en su *Digesto* 49:16 enumera dieciocho delitos por los que a un soldado romano en guardia lo podrían condenar a muerte. Entre estos se incluía quedarse dormido o abandonar una posición.

Las mujeres vinieron y encontraron la tumba vacía. Se asustaron y regresaron para decírselo a los hombres. Pedro y Juan corrieron a la tumba. Juan llegó primero, pero no entró. Miró hacia dentro y vio la tela en la que enrollaron el cuerpo de Jesús, pero el cuerpo no estaba allí. El cuerpo de Cristo traspasó las telas. Seamos sinceros. Ver una señal como esa haría de cualquiera un creyente.

CINCO MANERAS EN QUE LOS HOMBRES HAN TRATADO DE EXPLICAR LA TUMBA VACÍA

Las personas tienen diferentes maneras de pensar para explicar la tumba vacía. Esas ideas son tan tontas que solo nos ayudan a estar más seguros que la forma en que la Biblia lo explica debe ser la que es cierta.

¿La tumba equivocada?

Kirsopp Lake cree que las mujeres dijeron que el cuerpo estaba desaparecido porque fueron a la tumba equivocada por error. Si es así, Pedro y Juan deben haber ido a la tumba equivocada también. Podemos estar seguros, sin embargo, que las autoridades judías que pidieron la guardia romana no se habrían equivocado porque estaban allí. Si estaba involucrada una tumba equivocada, las autoridades judías no habrían perdido el tiempo para presentar el cuerpo de la tumba apropiada. Eso habría terminado para siempre la historia de la resurrección de Jesús de entre los muertos.

¿Un sueño?

Otra manera para explicar la tumba vacía es decir que los discípulos estaban soñando cuando pensaron que vieron a Jesús. Esta idea va en contra de todo lo que sabemos sobre el sueño, ya sea soñando cuando estamos durmiendo o cuando estamos despiertos. ¿Cómo es posible que un número de personas tenga el mismo sueño? ¿Y cómo podrían tener ese sueño varias veces por más de cuarenta días? No hay evidencia para esta idea, tampoco es apropiada a la forma en que los apóstoles pensaban y actuaban en ese tiempo. Si esta idea es cierta, ¿dónde estaba el cuerpo de Jesús en ese momento? ¿Por qué no lo informaron quienes se le oponían a Él?

¿Jesús no murió en realidad?

Hace más de cien años, Karl Venturini hizo popular esta idea. Hoy en día, algunas personas siguen pensando que es la respuesta lógica. Se afirma que Jesús no murió en realidad. Había perdido mucha sangre y estaba tan cansado que se desmayó. Todo el mundo pensó que estaba muerto, pero más tarde se despertó y los discípulos pensaron que había resucitado.

David Friedrich Strauss no creía que Jesús resucitó de entre los muertos. Sin embargo, probó que la idea de Venturini no puede ser cierta. Strauss dijo que un hombre en la condición de Jesús estaría débil y enfermo. Estaría en gran necesidad de ayuda médica. Un hombre así no podía hacer que los apóstoles creyeran que Él había ganado la victoria sobre la muerte. No podía hacerlos pensar que Él era el Príncipe de la vida. No obstante, esa fue toda la base de su futura predicación[10].

¿Se robaron el cuerpo?

Otra teoría dice que los discípulos robaron el cuerpo de Jesús mientras dormían los soldados. Esa idea la declararon por primera vez los sacerdotes. Incluso, les pagaron a los soldados para que dijeran que eso era verdad y les prometieron su protección (Mateo 28:11-15). Sin embargo, ¿podemos creer que los discípulos que huyeron cuando no había esperanza de salvar a Jesús llegaron a ser tan valientes como para atacar a una guardia de soldados romanos después que murió Jesús?

J.N.D. Anderson dijo que para que los discípulos robaran el cuerpo tendrían que ser muy diferentes de todo lo que sabemos acerca de ellos. No eran criminales. Tampoco se podría explicar el cambio en la vida de los apóstoles cuando se enteraron de que Él estaba vivo, dijo Anderson[11].

¿Cambiaron el cuerpo de lugar?

Otras personas dicen que las autoridades romanas o judías trasladaron el cuerpo de Cristo. Esto no es más razonable que la idea de que los discípulos robaron el cuerpo. Si las autoridades sabían dónde estaba el cuerpo, ¿por qué no explicaron que se lo llevaron? Eso le habría puesto fin a la predicación de los discípulos de que Jesús había resucitado de entre los muertos.

John Warwick Montgomery dijo que no podemos creer que los cristianos podrían haber predicado una historia entre quienes podrían haber probado el error al solicitar el cuerpo de Jesús[12].

EVIDENCIA QUE JESÚS RESUCITÓ DE ENTRE LOS MUERTOS

Thomas Arnold de Oxford escribió una famosa *Historia de Roma*. Conocía bien el valor de las pruebas para confirmar los hechos históricos. Dijo:

> Durante muchos años he utilizado el estudio de las historias de otros tiempos. He aprendido a examinar la evidencia de los que han escrito sobre las mismas. No conozco ningún hecho en la historia que tenga la mejor y más completa evidencia que la gran señal que nos ha dado Dios de que Cristo murió y resucitó. Cualquier persona justa tendría que aceptar ese hecho[13].

Brooke Foss Westcott, profesor de religión en la Universidad de Cambridge, dijo:

> Tomando toda la evidencia junta, está claro que no hay incidente en la historia mejor demostrado que el hecho de que Cristo resucitó de entre los muertos. La única razón por la que una persona no lo aceptaría es por lo que tenía en mente antes de mirar la evidencia[14].

William Lane Craig dijo que cuando utiliza las reglas comunes de juicio histórico, la mejor manera de entender los hechos es que Dios resucitó a Jesús de entre los muertos[15].

Simon Greenleaf fue una de las más grandes mentes en lo jurídico que haya tenido Estados Unidos. Fue un famoso profesor de Derecho en la Universidad de Harvard. Greenleaf escribió un libro en el que examinó el valor legal del testimonio de los apóstoles de Cristo acerca de la resurrección de entre los muertos. Dijo que es imposible que los apóstoles pudieran haber seguido predicando que Cristo resucitó de entre los muertos si no fuera cierto. Tenían que saber que era tan cierto como sabían cualquier otro hecho, dijo Greenleaf. Dijo que, por las reglas de la evidencia legal, el hecho de que Cristo resucitó de entre los muertos es uno de los hechos mejor documentados de la historia[16].

Sir Lionel Luckhoo es considerado por muchos como el abogado más eficaz del mundo. Ha ganado doscientas cuarenta y cinco decisiones de «no culpable por asesinato», sin perder un solo caso. Luckhoo estudió con mucho cuidado los hechos históricos de la muerte y resurrección de Cristo. Dijo: «Sin temor a equivocarme, la evidencia de la resurrección de Cristo de entre los muertos es tan grande que no deja lugar a dudas»[17].

Frank Morison, otro abogado, se propuso demostrar que Cristo no resucitó de los muertos.

Pensaba que la vida de Jesús fue una de las más bellas vidas que hayan existido jamás. Aun así, cuando se trataba de su resurrección de entre los muertos, Morison pensaba que alguien le añadió eso a la historia. Planeaba escribir sobre los últimos días de la vida de Jesús sin incluir nada acerca de su resurrección de entre los muertos. Pensaba que si escribía bien la historia, demostraría que Cristo no resucitó. Sin embargo, cuando usó su preparación jurídica para estudiar los hechos, tuvo que cambiar de opinión.

En lugar de escribir un libro para probar que Cristo no resucitó, Morison escribió *¿Quién movió la piedra?* El primer capítulo lo tituló «El libro que se rehusó ser escrito». El resto del libro muestra la evidencia de que Cristo resucitó de los muertos[18].

George Eldon Ladd dijo: «La única manera razonable para explicar esos hechos históricos es que Dios resucitó a Jesús de forma corporal»[19]. En la actualidad, los creyentes pueden tener la seguridad que su fe está basada en el sólido hecho de la resurrección de Cristo y de la tumba vacía.

Gary Habermas, un famoso profesor en la *Liberty University*, debatió con Anthony Flew. Este no creía en la existencia de Dios. La pregunta que debatieron fue: «¿Resucitó Cristo de entre los muertos?». Un hombre con una preparación especial en debates fue el juez. Al final del debate, el juez dijo:

La evidencia histórica, aunque imperfecta, es lo suficiente fuerte como para conducir a mentes razonables a estar de acuerdo en que Cristo resucitó de los muertos. Habermas provee «evidencias muy probables» para la historicidad del hecho «sin ninguna evidencia en su contra»[20].

Después de examinar la evidencia, Lord Darling, ex presidente del Tribunal Supremo de Inglaterra, dijo que «hay tal gran cantidad de evidencia que ningún grupo de hombres inteligentes en el mundo podría dejar de estar de acuerdo en que Jesús resucitó de entre los muertos»[21].

Lo más importante de todo es que cada creyente puede experimentar el poder del Cristo resucitado en sus vidas hoy. En primer lugar, puede saber que sus pecados son perdonados (Lucas 24:46-47; 1 Corintios 15:3). En segundo lugar, puede estar seguro que tiene la vida eterna y que, como Cristo, resucitará después de esta vida (1 Corintios 15:19-26). En tercer lugar, puede ser libre de una vida vacía y transformarse en una nueva persona en Jesucristo (Juan 10:10; 2 Corintios 5:17).

¿Qué crees acerca de la tumba vacía? ¿Qué harás en cuanto a esto?

¿SE PODRÍA PONER DE PIE EL VERDADERO CRISTO?

Había muchas maneras para que Jesús probara que Él era el Cristo. Una de las más importantes a menudo ni siquiera se tiene en cuenta. Es la del cumplimiento de la profecía en su vida.

Una y otra vez Jesús señaló las profecías del Antiguo Testamento para demostrar sus afirmaciones. Gálatas 4:4 dice: «Cuando se cumplió el tiempo establecido, Dios envió a su Hijo, nacido de una mujer y sujeto a la ley» (NTV). Aquí vemos una profecía que se cumple en Jesucristo.

«Luego Jesús les explicó todo lo que la Biblia decía acerca de él. Empezó con los libros de la ley de Moisés, y siguió con los libros de los profetas» (Lucas 24:27, TLA). «Entonces [Jesús] dijo: "Cuando estaba con ustedes antes, les dije que tenía que cumplirse todo lo escrito acerca de mí en la ley de Moisés, en los profetas y en los Salmos"» (Lucas 24:44, NTV).

Dijo:
«Si en verdad le creyeran a Moisés, me
creerían a mí, porque él escribió acerca de
mí» (Juan 5:46, NTV). Dijo: «Abraham, el
padre de ustedes, se regocijó al pensar que
vería mi día; y lo vio y se alegró» (Juan 8:56).

Los apóstoles y los escritores del Nuevo
Testamento también recurrían al cumplimiento
de la profecía para probar que Jesús era el Cristo.
«Dios cumplió de este modo lo que antes
había anunciado por medio de todos sus
profetas: que su Mesías tenía que morir»
(Hechos 3:18, DHH). «Pablo fue entonces a la
sinagoga, como era su costumbre, y durante
tres días de reposo debatió con ellos. Con
base en las Escrituras, les aclaró y explicó
que era necesario que Cristo padeciera y
resucitara de los muertos. Les decía: "Jesús,
a quien yo les anuncio, es el Cristo"»
(Hechos 17:2-3, RVC). «En primer lugar, les
he enseñado lo mismo que yo recibí: Que,
conforme a las Escrituras, Cristo murió por
nuestros pecados; que también, conforme
a las Escrituras, fue sepultado y resucitó al
tercer día» (1 Corintios 15:3-4, RVC).

UNA DIRECCIÓN EN LA HISTORIA

En el Antiguo Testamento hay sesenta profecías principales acerca de Cristo. Alrededor de doscientas setenta veces se dicen cosas acerca de Él que están conectadas con esas profecías. Estas se cumplieron todas en una persona, Jesús. Es útil pensar en todas las cosas cumplidas en Cristo como su «dirección». Me explico. Es probable que nunca hayas pensado acerca de lo importante que son tu propio nombre y dirección. Sin embargo, esos detalles te distinguen de todas las demás personas que viven en la tierra.

Con incluso mayor detalle, Dios escribió una «dirección» en la historia para distinguir a su Hijo, el Salvador de la humanidad. Le distingue de todas las demás personas: en el pasado, presente o futuro. Los detalles de esta dirección se pueden encontrar en el Antiguo Testamento, escrito en un período de más de mil años. El Antiguo Testamento habla de su venida más de trescientas veces. ¿Cuáles son las posibilidades de que todo esto se cumpla en una persona? Las posibilidades de que solo cuarenta y ocho de ellas se cumplan en una persona son de una persona en 10^{157} (este número se escribe con un 10 seguido de 157 ceros).

La posibilidad de que algún hombre se ajuste a la dirección de Dios para Cristo se hace más difícil por otro hecho. Todas las profecías se hicieron muchos años antes de su nacimiento. Algunos podrían pensar que estas profecías se escribieron después que Jesús vivió. Se podría decir que alguien las escribió para hacer que estuvieran de acuerdo con la vida que vivió Él. Sin embargo, sabemos que el Antiguo Testamento se escribió primero en hebreo. No obstante, doscientos años antes del tiempo de Cristo se escribieron de nuevo del hebreo al griego. Esto demuestra que las profecías se escribieron por lo menos doscientos años antes del tiempo de Cristo.

Sin duda alguna, Dios escribía una dirección en la historia que solo podía cumplir su Cristo. Unos cuarenta hombres han afirmado ser el Cristo. Sin embargo, solo Jesús se refirió a la profecía cumplida para demostrar sus afirmaciones.

¿Cuáles son algunas de esas profecías? ¿Qué sucedió antes de que naciera Cristo? ¿Y qué tenía que ser cierto en el momento de su nacimiento?

Para comenzar, debemos volver a Génesis 3:15. Allí encontramos la primera profecía en la Biblia acerca de la venida de Cristo. Dios hablaba con Satanás cuando dijo: «Pondré enemistad entre tú y la mujer, y entre tu simiente y la de ella; su simiente te aplastará la cabeza, pero tú le morderás el talón».

Esta profecía podía referirse a un único hombre en toda la Escritura. A ningún otro, sino a

Jesús, se le podía llamar la simiente de una mujer. Todos los demás vinieron de la simiente de un hombre. Esta simiente de una mujer vendría al mundo para destruir a Satanás (le hiere su cabeza). Isaías 7:14 añade que Cristo nacería de una virgen. Su nacimiento fue normal, excepto que Él no tuvo un padre terrenal. Así es que Él sería la simiente de una mujer y no la simiente de un hombre. Ese detalle iba más allá de la planificación y del control humano.

En Génesis 9 y 10, Dios hizo la dirección con más detalles. Noé tuvo tres hijos: Sem, Cam y Jafet. Todas las personas del mundo vienen de estos tres hombres. Dios dijo que Cristo vendría a través de la familia de Sem. De esta manera Dios eliminó dos terceras partes de todas las personas de la línea de Cristo.

Cientos de años más tarde, en el año 2000 a. C., Dios llamó a Abraham de Ur de los caldeos. Dios dijo que Cristo vendría a través de la familia de Abraham. Todas las familias de la tierra serían bendecidas por medio de Abraham (Génesis 12:1-3; 17:1-8; 22:15-18). Dios dijo que Cristo vendría por medio de Isaac (Génesis 17:19-21; 21:12).

Isaac tuvo dos hijos: Jacob y Esaú. Dios escoge la línea de Jacob (Génesis 28:1-4; 35:10-12; Números 24:17). Jacob tuvo doce hijos. Sus familias se convirtieron en las doce tribus de Israel. Dios dijo que Cristo vendría a través de la tribu de Judá. Y de todas las líneas de la familia dentro de la tribu de Judá, Dios escogió la línea de Isaí (Isaías 11:1-5). Isaí tuvo ocho hijos. Dios rechazó a siete de los hijos de Isaí y escogió a David (2 Samuel 7:12-16; Jeremías 23:5).

Por lo tanto, el Mesías debía nacer de la simiente de una mujer, la línea de Sem, la raza de los judíos, la línea de Isaac, la línea de Jacob, la tribu de Judá, la familia de Isaí y la casa de David.

En Miqueas 5:2, Dios no aceptó a todas las demás ciudades del mundo y escogió a Belén como el lugar donde nacería el Cristo. En ese tiempo del nacimiento de Jesús, Belén tenía menos de mil personas.

Entonces, a través de una serie de profecías, hasta incluyó el tiempo cuando viviría Cristo. Por ejemplo, Malaquías 3:1 dijo que Cristo vendría mientras siguiera en pie el templo de Jerusalén (lee también el Salmo 118:26; Daniel 9:26; Zacarías 11:13; Hageo 2:7-9)[1]. Esto es muy importante cuando nos damos cuenta que al templo lo destruyeron en el año 70 d. C. y que no se ha reconstruido desde entonces.

Varias profecías en Isaías y en los Salmos describen la manera en que el pueblo pensaría en esa época y cómo tratarían a Cristo. Su propio pueblo, los judíos, lo rechazarían. Los gentiles creerían en Él (Salmos 22:7-8; 118:22; Isaías 8:14; 49:6; 50:13-15). Una «voz» prepararía el camino ante Él (Isaías 40:3-5; Malaquías 3:1). Ese fue Juan el Bautista (Mateo 3:3).

Observa cómo el Nuevo Testamento se refiere a ciertas profecías del Antiguo Testamento que hacen aún más detallada la dirección de Cristo. Mateo habla de las cosas que sucedieron debido a que Judas traicionó a Jesús (Mateo 27:3-10). Dijo que esas cosas se profetizaron en el Antiguo Testamento (Salmo 41:9; Zacarías 11:12-13)[2]. En estos lugares, Dios dijo que a Cristo lo traicionaría un amigo por treinta monedas de plata. También dicen que el dinero lo arrojaría al suelo del templo. Todas esas cosas se hicieron realidad en Jesús.

Una profecía hecha en el año 1012 a. C. también dice que clavarían las manos y los pies de Cristo en una cruz (Salmo 22:6-18; lee también Zacarías 12:10; Gálatas 3:13). Eso se escribió ochocientos años antes de que los romanos comenzaran a usar la cruz como una manera de condenar a muerte a los criminales.

Estas son solo algunas de las muchas profecías que forman la dirección de Cristo.

¿FUE UNA CASUALIDAD QUE JESÚS CUMPLIERA ESTAS PROFECÍAS?

Alguien quizá diga: «Uno puede encontrar algunas de estas profecías cumplidas en Abraham Lincoln, Anwar al-Sadat, John F. Kennedy, la madre Teresa o Billy Graham».

Sí, podríamos encontrar una o dos profecías cumplidas en otras personas. Sin embargo, no podemos encontrar las sesenta profecías principales y otros doscientos setenta dichos conectados a esas profecías. Es más, durante años, la *Christian Victory Publishing Company* ofreció mil dólares de recompensa a cualquiera que pudiera nombrar a alguna otra persona que pudiera cumplir solo la mitad de las profecías que aparecen en el libro *Messiah in Both Testaments* de Fred John Meldau. Nadie reclamó jamás el premio.

¿Puede una persona cumplir todas las profecías del Antiguo Testamento? H. Harold Hartzler, de la Asociación Científica Estadounidense, escribió el prólogo de *Science Speaks*, por Peter Stoner y Robert Newman. Hartzler dijo: «Este libro lo leyó con mucho cuidado un comité de los miembros de la Asociación Científica Estadounidense y el Consejo Ejecutivo del mismo grupo. En general, encontraron que era digno de confianza y cierto»[3].

En ese libro, Stoner demuestra que no podría ser solo una casualidad que todas esas profecías se cumplieran en Jesús. Utilizó métodos científicos modernos para considerar solo ocho de las profecías. Dijo: «Encontramos que la posibilidad de que cualquier hombre que pudiera haber vivido y cumplido las ocho profecías es de una posibilidad en 10^{17}»[4]. Esa es de una en 100 000 000 000 000 000.

Para ayudarnos a entender este número tan grande, Stoner dijo que 10^{17} dólares de plata podría cubrir el estado de Texas con sesenta y un centímetros de profundidad. Le ponemos una marca a un dólar de plata, dijo Stoner, y mezclamos ese dólar de plata en todos los demás a través de todo el estado. Le atamos un trozo de tela sobre los ojos a un hombre y le decimos que puede viajar a cualquier lugar en el estado y recoger un dólar de plata. ¿Qué posibilidades tendría de tomar el dólar de plata marcado? Stoner dijo: «Esa es la misma posibilidad que tendrían los profetas para escribir estas ocho profecías y tenerlas todas hecha realidad en un solo hombre». Sin embargo, todas ellas se hicieron realidad en Cristo[5].

OTRA OBJECIÓN

Algunos afirman que Jesús trató de cumplir las profecías de modo que las personas creyeran que Él era Cristo. Quizá creyéramos en esto hasta que nos damos cuenta que muchos detalles de la venida de Cristo estaban fuera por completo del control humano. Un ejemplo es el lugar de su nacimiento. Cuando Herodes les preguntó a los líderes religiosos judíos dónde iba a nacer el Cristo, sabían la respuesta: «En Belén» (Mateo 2:5). Sería tonto pensar que mientras María y José viajaban a Belén, Jesús, desde el interior de su madre, dijera: «Será mejor que se apuren o no llegaremos allí antes de que yo nazca».

Mira estas profecías. Si Jesús fuera solo un hombre, la mitad de las profecías irían más allá de su poder para controlar: el tiempo de su nacimiento; la traición de Judas y la cantidad de dinero que Judas recibió por traicionarlo; la forma en que Él murió; la forma en que las personas actuaron en su muerte; la forma en que los soldados jugaban un juego de azar por su ropa; la forma en que los soldados no querían romper su manto. Si solo era un hombre, Él no hubiera podido hacer que naciera de la simiente de una mujer, en el linaje de Sem, que desciende de Abraham, y todas las otras cosas que condujeron a su nacimiento. No es de extrañar que Jesús y los apóstoles usaran la profecía cumplida para demostrar su afirmación de que Él era el Hijo de Dios.

¿Por qué Dios se tomó la molestia de profetizar todas esas cosas acerca de Cristo? Creo que Él quería que Cristo tuviera todas las pruebas que necesitaba cuando viniera al mundo. Sin embargo, lo más emocionante de Jesús es que Él vino a cambiar vidas. Solo Él cumplió las cientos de profecías del Antiguo Testamento que describen su venida. Y solo Él puede cumplir la profecía más grande de todas para quienes lo aceptan: la promesa de una nueva vida. «Les daré un corazón nuevo, y pondré en ustedes un espíritu nuevo» (Ezequiel 36:26, RVC). «Todo el que pertenece a Cristo se ha convertido en una persona nueva. La vida antigua ha pasado; ¡una nueva vida ha comenzado!» (2 Corintios 5:17, NTV).

¿NO HAY ALGÚN OTRO CAMINO?

Cuando estaba dando una serie de conferencias en la Universidad de Texas, un estudiante de posgrado vino a verme. Me preguntó: «¿Por qué Jesús es el único camino hacia Dios?». En mi conversación, tuve que demostrarle que Jesús afirmaba ser el único camino a Dios. Tuve que demostrarle que se podía confiar en lo que dicen las Escrituras. Y tuve que demostrarle que había suficiente evidencia para probar que Jesús es Salvador y Señor. Sin embargo, el estudiante tenía otras preguntas: «¿Por qué solo Jesús? ¿No hay algún otro camino hacia Dios?».

Al igual que este joven, muchas personas están buscando otro camino. «¿Qué me dices de Buda? ¿Qué me dices de Mahoma? ¿Por qué no solo se vive una vida buena? Si Dios es un Dios tan amoroso, ¿no aceptaría a todas las personas de la manera que son?». Esas son las preguntas que escucho a menudo.

Las personas parecen ofendidas por las afirmaciones de que Jesús es el único camino a Dios y el único camino para encontrar el perdón del pecado. Esas personas no entienden la naturaleza de Dios. Podemos ver ese malentendido en una pregunta que hacen casi siempre: «¿Cómo un Dios amoroso permite que alguien se vaya al infierno?». Muchas veces le doy la vuelta a la pregunta y digo: «¿Cómo un Dios santo, justo y recto permite que una persona pecadora entre al cielo?».

La mayoría de la gente entiende que Dios es un Dios amoroso, pero no va más allá de eso. Él es un Dios de amor, pero también es un Dios que es justo y santo. No puede aceptar el pecado en su cielo más de lo que uno lo haría con un animal sucio o salvaje en el hogar. Esta mala interpretación acerca de la naturaleza de Dios ha causado muchos problemas.

Conocemos a Dios solo a través de las cosas que sabemos acerca de Él. Sin embargo, esas cosas no son partes de Él de la misma manera que las cosas son ciertas acerca de ti. Es posible que hayas aprendido a ser amable con la gente y eso sea parte de la persona que eres. Sin embargo, eso no es así con Dios. Cuando decimos que Dios es amor, no decimos que Dios aprendió a amar. Hablamos que esa es su naturaleza. Él no puede ser Dios sin amor. Cuando decimos que Dios es santo o justo, queremos decir que esas cosas pertenecen a su naturaleza. Él es de esa manera porque es Dios, no porque aprendió a ser santo y justo.

Aquí está el problema: Si la naturaleza de Dios es el amor, ¿cómo es posible que envíe a alguien al infierno? La respuesta es sencilla; Dios no envía a nadie al infierno. La gente va al infierno debido a sus propias decisiones.

A fin de explicarlo, debemos volver de nuevo al principio. La Biblia enseña que Dios creó al hombre y a la mujer de modo que pudiera compartir su amor y gloria con ellos. Sin embargo, Adán y Eva decidieron rebelarse contra Dios. Esa rebelión es a lo que llamamos pecado. Dios amaba mucho a Adán y Eva. A pesar de que se habían rebelado en su contra, Él quería salvarlos del terrible camino que habían escogido. Debido a que Dios no solo es amoroso, sino también santo y justo, el pecado no puede existir donde está Él. Su propia naturaleza destruiría a los pecadores. Por eso la Biblia dice: «La paga del pecado es muerte» (Romanos 6:23).

Entonces, ¿cómo podía Dios salvar al hombre y a la mujer que amaba y seguir siendo justo? Dios el Padre, Dios el Hijo y Dios el Espíritu Santo desarrollaron un plan sorprendente. Dios el Hijo llevaría sobre sí mismo un cuerpo humano. Se convertiría en el Dios-hombre Jesucristo. Leemos acerca de esto en el primer capítulo del Evangelio de Juan. Allí se dice que Cristo «se hizo carne, y habitó entre nosotros» (Juan 1:14, RVC). También Filipenses 2 nos dice que Cristo dejó su gloria como Dios y tomó la forma humana (Filipenses 2:6-7).

Jesús fue el Dios-hombre. Fue tan Hombre como si nunca hubiera sido Dios, y tan Dios como si nunca hubiera sido Hombre. El ser Hombre no lo hizo menos Dios, el ser Dios no lo hizo menos Hombre. Por su propia decisión vivió una vida sin pecado, obedeciendo siempre al Padre en todo. Debido a que nunca pecó, Él no estaba bajo la sentencia de muerte. Cuando Él murió, no murió por sus propios pecados, sino por los pecados de todo el mundo. Dios aceptó su muerte por la muerte que debíamos tener nosotros por nuestros pecados. A la naturaleza justa de Dios se le pagó. En ese momento, se liberó a la naturaleza de amor de Dios y Él podía aceptarnos como sus hijos. Podía ofrecernos lo que perdimos por el pecado.

A menudo le pregunto a la gente: «¿Por quién murió Jesús?». Casi siempre responde: «Por mí» o «Por el mundo». Y les digo: «Sí, eso es cierto, ¿pero hay algún otro por quien murió Jesús?». Por lo general, reconocen que no lo saben. Les digo: «Él también murió por Dios el Padre». Pablo explicó eso en Romanos 3:25. Allí el apóstol habló acerca de que nuestros pecados se pagan con la propia sangre de Cristo. Cuando Jesús murió en la cruz, Él murió por nosotros. Pero también murió para satisfacer la santa y justa demanda de la misma naturaleza de Dios.

Hace algunos años, escuché una historia real que muestra cómo lo que Jesús hizo en la cruz resolvió nuestro problema del pecado. A una joven la detuvieron por conducir demasiado rápido. El oficial de policía la llevó ante el juez. El juez leyó los cargos y preguntó: «¿Culpable o inocente?». La mujer respondió: «Culpable». El juez le dijo que debía pagar cien dólares o pasar diez días en la cárcel. Entonces, hizo algo sorprendente. Se puso de pie, se quitó la toga, renunció a su lugar, sacó el dinero y pagó la multa de la joven.

¿Por qué tendría que hacer eso? Lo hizo porque él era su padre. Amaba a su hija, pero era un juez justo. Ella desobedeció la ley, y no podía solo decirle: «Porque te amo mucho, te perdono. Puedes irte libre». Si hubiera hecho eso, no habría sido un juez justo. No habría estado siguiendo la ley. Como juez, tenía que encontrarla culpable. En cambio, como su padre amoroso, podía pagarle la multa.

En cierta forma, esto demuestra lo que Dios hizo por nosotros por medio de Jesucristo. Nosotros pecamos, y la Biblia dice que debemos morir. Cuando Dios nos mira, Él debe encontrarnos culpables. Aun así, debido a que es también un Dios de amor, Él estuvo dispuesto a bajar del cielo en la forma del Hombre Jesús y morir en nuestro lugar.

En este punto, mucha gente se hace otra pregunta: «¿Por qué Dios no solo podría perdonar sin exigir ningún pago?». Un director de una gran empresa me dijo una vez: «A menudo, mis trabajadores dañan los equipos, malgastan materiales y rompen cosas. Yo solo los perdono. ¿Me estás diciendo que yo puedo hacer algo que Dios no puede hacer?». Ese director no estaba pensando en lo que le costó el perdón a su compañía. Su compañía pagaba por los errores de sus trabajadores al arreglar y sustituir las cosas dañadas o perdidas. Donde hay perdón, hay un precio.

Por ejemplo, digamos que mi hija rompe una lámpara en mi casa. Soy un padre que ama y perdona, por eso digo: «No llores. Papá te ama y te perdona». Casi siempre la persona que escucha esa historia dirá: «Eso es justo lo que debe hacer Dios». Entonces viene la pregunta: «¿Quién paga por la lámpara?». El hecho es que yo lo hago. El perdón siempre tiene un precio.

¿Qué tal si alguien te insulta delante de otras personas y después tú le dices: «Te perdono»?

¿Quién paga el precio de ese insulto? Tú lo pagas. Tú tienes el dolor de la mentira y de la pérdida del favor a los ojos de los que escucharon el insulto.

Eso es lo que Dios hizo por nosotros. Dijo: «Te perdono». Sin embargo, Él mismo pagó el precio por el perdón a través de la cruz. Es un pago que Buda, Mahoma, Confucio ni cualquier otro líder religioso puede ofrecer. Tampoco nadie puede pagar el precio por solo vivir una buena vida. Sé que parece duro, pero hay que decirlo porque es cierto. No hay otro camino, sino Jesús.

ÉL CAMBIÓ MI VIDA

Lo que te he dicho en este libro es lo que aprendí después de estudiar la evidencia para el cristianismo. Quizá pienses que después de encontrar pruebas como estas, me convertí al instante en cristiano. Sin embargo, en realidad no me sentía preparado para dar ese paso importante. Con mi mente comprendí la verdad. Tenía que reconocer que Jesucristo debía ser justo quien decía ser. Pude ver con claridad que el cristianismo no era una mentira ni un error. Me di cuenta de que era una verdad sólida. Yo sabía la verdad, pero mi voluntad me empujaba hacia otra dirección.

Había dos razones por las que no quería ser cristiano. En primer lugar, quería disfrutar de la vida. En segundo lugar, no quería cederle el control de mi vida a nadie, ni siquiera a Dios. Yo sabía que Jesús estaba de pie a la puerta de mi vida y esperaba por mí para que lo dejara entrar. Aun así, mantenía cerrada y atrancada la puerta. No me importaba si caminó sobre el agua ni si convirtió el agua en vino. No quería a nadie a mi alrededor que siempre estuviera señalándome lo que estaba haciendo mal. No podía pensar en ninguna manera más rápida de echar a perder mis buenos tiempos. Los llamaba buenos tiempos, pero yo era muy infeliz en realidad. Mi mente me decía que el cristianismo era cierto, pero mi voluntad le decía «no» con toda la energía que tenía.

Luego estaba la cuestión del control. En ese tiempo, la idea de convertirme en cristiano hacía que me sintiera sin valor. Solo había demostrado que todo lo que pensaba antes era un error y que mis amigos cristianos tenían razón. Cada vez que salía con esos cristianos, comenzaba de nuevo el conflicto dentro de mí. Si alguna vez has estado con la gente feliz cuando estás muy infeliz, sabes cómo su alegría puede hacerte sentir peor aun. A veces solo me levantaba y me alejaba de donde estaban. Se puso tan mala la cosa que me iba a la cama y no lograba quedarme dormido durante seis horas. No podía dejar de pensar en el problema. Tenía que hacer algo antes de que me volviera loco.

Siempre trataba de mantener una mente abierta, pero no tan abierta que no pudiera pensar bien. Como G.K. Chesterton dijo: «El propósito de abrir la mente, como el de abrir la boca, es para cerrarla de nuevo sobre algo sólido».

Abrí mi mente, y por fin la cerré en la verdad más sólida que haya experimentado jamás. El 19 de diciembre de 1959, a las ocho y media de la noche, durante mi segundo año en la universidad, me convertí en cristiano.

Alguien me preguntó: «¿Cómo sabes que te convertiste en cristiano?». Mi respuesta fue simple: «Ha cambiado mi vida». Este es el cambio que me asegura mucho que me convertí en hijo de Dios. Esa noche oré por cuatro cosas para establecer una relación con el Cristo vivo, y estoy agradecido de que se respondiera la oración.

En primer lugar, dije: «Señor Jesús, gracias por morir en la cruz por mí». En segundo lugar, dije: «Confieso esas cosas en mi vida que no te agradan y te pido que me perdones y me limpies». Dios nos dice que, «aunque sus pecados sean como el rojo más vivo, yo los dejaré blancos como la nieve» (Isaías 1:18, DHH). En tercer lugar, dije:

Ahora mismo, de la mejor manera que sé, abro la puerta de mi corazón y vida, y confío en ti como mi Salvador y Señor. Toma el control de mi vida. Cámbiame de adentro hacia afuera. Hazme la clase de persona que querías que fuera cuando me creaste».

La última cosa por la que oré, fue: «Gracias por venir a mi vida por la fe». Esa fe estaba basada en la evidencia, los hechos de la historia y la Palabra de Dios.

Estoy seguro que has oído a la gente hablar de la gran inundación de emoción que los golpeó cuando tuvieron su primera experiencia con Dios. Bueno, no fue así para mí. Después que oré, no pasó nada. En serio, nada. Es más, después de ser cristiano, me sentí peor. En realidad, sentí que estaba a punto de vomitar. *Ay no, ¿en qué me he metido ahora?*, me preguntaba. A decir verdad, sentía que había hecho algo muy tonto, ¡y estoy seguro de que algunas personas pensaron que lo hice!

El cambio no fue inmediato, pero fue real. En seis a dieciocho meses, sabía que no había hecho algo tonto. Mi vida cambió. Por ese tiempo yo estaba en un debate con el jefe del departamento de Historia en una universidad del Medio Oeste. Yo le hablaba acerca de mi nueva vida. Él me detuvo y dijo: «¿Estás tratando de decirme que en verdad Dios ha cambiado tu vida? Dame algunos detalles». Después de escuchar mi explicación por cuarenta y cinco minutos, al final dijo: «¡Eso es suficiente!».

Uno de los cambios de los que le hablé fue que ya no estaba tan inquieto. Antes de ser cristiano, siempre tenía que estar ocupado. Tenía que estar en casa de una chica, en una fiesta o solo andar de aquí para allá con amigos. Me gustaba ir de un lugar a otro con mi mente llena de muchos pensamientos contradictorios. Me gustaba sentarme y tratar de estudiar, pero no podía hacerlo. En cambio, después que le di mi vida a Cristo, una especie de paz se apoderó de mí. No me malentiendas. No quiero decir que no hubo más conflictos. Lo que encontré no era tanto que no hubo más conflictos, sino que ahora podía hacerles frente a los conflictos. No cambiaría esa paz por nada en el mundo.

Otro aspecto que comenzó a cambiar fue mi ira. Solía enojarme si alguien solo me miraba de una manera que no me gustaba. Todavía tengo las marcas en mi cuerpo de una pelea en la que casi mato a un hombre en mi primer año en la universidad. Mi enojo era una parte tan importante de mí que ni siquiera pensaba en tratar de cambiarlo. Entonces, un día, se produjo una crisis que me habría hecho enojar en el pasado, pero no fue así esta vez. ¡Mi ira se había ido! No fue obra mía. Como he estado diciéndote, Jesús cambió mi vida. Por cambio no quiero decir perfecto. Es más, estuve catorce años sin enojarme, pero cuando me enojé, me temo que lo igualé por todos esos años.

Jesús me cambió de otra manera. No estoy orgulloso de esto, pero lo menciono porque muchas personas necesitan el mismo cambio. Quiero mostrarles a esas personas cómo puede suceder ese cambio. Sucede a través de una relación con el Cristo vivo. El problema fue el odio. Tenía una pesada carga de odio. La gente no siempre la veía, pero me destrozaba por dentro. Estaba enojado con la gente, con las cosas, con los problemas. No me sentía bien conmigo mismo. Cada vez que conocía a alguien diferente a mí, detestaba a esa persona de cierta manera.

Odiaba a un hombre más que a ninguna otra persona en el mundo: mi padre. Lo odiaba tanto como una persona puede odiar a otra persona. Me avergonzaba que fuera el borracho del pueblo. Mis amigos del instituto se reían de mi padre porque era bebedor. No pensaban que me molestaba porque me reía con ellos. Me reía por fuera, pero lloraba por dentro. Iba para la casa y encontraba a mi madre golpeada de una manera tan cruel que no podía levantarse. Cuando invitábamos amigos, llevaba a mi padre al establo y lo ataba. Poníamos su auto donde no lo pudieran ver y les decíamos a nuestros amigos que él no estaba en casa.

Unos cinco meses después de ser cristiano, el amor de Dios entró en mi vida con tanta fuerza que me quitó el odio. Podía mirar a mi padre a los ojos y decirle: «Te amo». Y de veras que lo decía en serio.

Después de algunas de las cosas que hice por él, esto lo sorprendió en verdad.

Después que comencé a asistir a una universidad privada, un grave accidente de auto me llevó al hospital. Cuando logré salir del hospital y mudarme para la casa, mi padre vino a visitarme. Lo asombroso es que no estaba borracho ese día. Sin embargo, parecía inquieto y caminaba por la habitación. Entonces, gritó: «Hijo, ¿cómo se puede querer a un padre como yo?». Le respondí: «Hace seis meses que te odiaba». Entonces le hablé de mi estudio acerca de Jesucristo y lo que había encontrado. Le dije:

Puse mi confianza en Cristo, recibí el perdón de Dios, lo invité a mi vida y me cambió. No puedo explicarlo todo, pero Dios me quitó mi odio y me ha dado el amor en su lugar. Te amo y te acepto tal y como eres.

Conversamos por casi una hora y después tuve una de las mayores experiencias de mi vida. Este hombre que fue mi padre me miró y dijo: «Hijo, si Dios puede hacer en mi vida lo que he visto hacer en tu vida, yo quiero ser cristiano también».

Por lo general, cuando una persona acepta a Cristo, los cambios en su vida vienen en un período de días, semanas, meses o incluso años. En mi propia vida, el cambio tomó alrededor de seis a dieciocho meses. Sin embargo, la vida de mi padre cambió delante de mis ojos. Fue como si Dios lo alcanzara y le diera una nueva vida. Nunca antes ni después he visto un cambio tan rápido. Mi padre tuvo la tentación de beber solo una vez después de ese día. Acercó la bebida a sus labios antes de que la apartara. Para siempre. Es claro que una relación con Jesucristo cambia la vida.

Había otra persona que tenía que perdonar. Se llamaba Wayne. Trabajó para mis padres cuando yo era pequeño. Cuando mi madre tenía que estar fuera de casa, le decía a Wayne que cuidara de mí. Antes de irse de casa, ella me decía: «Obedece a Wayne y haz todo lo que te diga que hagas. Si no lo haces, te daré una paliza cuando llegue a casa». Créeme, nunca quería recibir una paliza de mi madre.

Cuando mi madre se iba, Wayne me usaba sexualmente. Eso fue desde que tenía seis años hasta los trece años. Cuando le decía a mi madre lo que Wayne me hacía, no me creía. Un día, cuando tenía trece años, le dije a Wayne: «Si alguna vez me vuelves a tocar, ¡te voy a matar!». Nunca me tocó de nuevo. Aun así, lo odiaba. Quería que sufriera en el infierno por lo que me hizo.

Cuando me convertí en cristiano, sabía que tenía que perdonar a Wayne. Fui a verlo y le dije: «Lo que me hiciste fue malo. Sin embargo, me convertí en cristiano. Sé que Jesús murió por ti, tanto como lo hizo por mí. Te perdono». Esa fue una de las cosas más difíciles que he tenido que hacer. Sé que nunca lo podría haber hecho por mí mismo. Si alguien alguna vez te ha hecho daño y dejó un odio amargo en tu corazón, no tienes que vivir con ese odio. Puedes obtener la victoria sobre tu pasado con la ayuda de Dios.

Tú puedes reírte del cristianismo, pero da resultado. Te cambia la vida. Debo decir: Jesucristo cambia vidas. El cristianismo no es una religión. No es un sistema. No es una forma de tratar a otras personas. No es una forma de pensar acerca de la vida. Se trata de una Persona. Si confías en Cristo, empiezas a ver cambios porque Jesucristo está dedicado a cambiar vidas.

Por lo tanto, como puedes ver, encontrar mi fe en Cristo ha sido un proceso, comenzando con un estudio cuidadoso y convirtiéndose en la experiencia de una vida cambiada. Tal parece que muchas personas hoy en día quieren ese tipo de experiencia, quieren la nueva vida que he encontrado. Sin embargo, no están dispuestas a poner el cristianismo a la dura prueba de un estudio serio. Tal vez parte de su problema sea que no quieren decir lo que saben que es cierto en una época cuando hablar la verdad no es popular. O tal vez sea que tengan miedo a que su estudio les cause dudas en lugar de guiarlas a la verdad de las afirmaciones de Cristo.

¿Será que un estudio serio dañe nuestra fe en Cristo? Edwin Yamauchi no lo cree así. Él es uno de los principales expertos del mundo en Historia antigua. Tiene una maestría y un doctorado de la Universidad de Brandeis. Ha hablado muchas veces en las reuniones de historiadores y en más de cien universidades, colegios y escuelas teológicas. Yamauchi dijo: «La evidencia histórica ha hecho que esté aún más seguro de que Jesucristo es el Hijo de Dios que nos ama, y murió por nosotros y resucitó de entre los muertos. Es así de sencillo»[1].

Bruce Metzger fue un experto en copias antiguas de la Biblia. Alguien le preguntó si su estudio del Nuevo Testamento y sus tiempos había debilitado su fe. Él respondió: «La construyó. He hecho preguntas toda mi vida. He estudiado las copias antiguas con mucho cuidado. Hoy estoy seguro por completo de que mi confianza en Jesús está bien situada [...] muy bien situada»[2].

Al escribir este pequeño libro, he tratado de mostrar que las afirmaciones de Cristo se mantienen firmes como hechos históricos sólidos. Se han demostrado por la evidencia de la historia, la profecía y la razón. El conocimiento de los hechos te dará un lugar sólido para apoyarte a medida que experimentas las afirmaciones de Cristo. Tú también puedes disfrutar del tipo de cambio de vida que he experimentado yo junto con millones de otros cristianos.

Aun cuando las afirmaciones de Cristo pueden demostrarse con claridad, el cristianismo no es algo que se le pueda poner como una carga a otra persona. Tú tienes que vivir tu vida, y yo tengo que vivir la mía. Todos tenemos la libertad para tomar nuestras propias decisiones. Todo lo que puedo hacer es decirte lo que he aprendido. Después de eso, lo que hagas depende de ti.

Quizá te ayude la oración que hice yo:

Señor Jesús, te necesito. Gracias por morir en la cruz por mí. Perdóname y límpiame. En este momento confío en ti como Salvador y Señor. Hazme la clase de persona que querías que fuera cuando me creaste. Te lo pido en tu nombre, amén.

Capítulo 2: ¿Qué hace a Jesús tan diferente?

[1]Augustus H. Strong, *Systematic Theology*, Judson Press, Filadelfia, 1907, p. 1:52.

[2]Archibald Thomas Robertson, *Word Pictures in the New Testament*, Harper & Brothers, Nueva York, 1932, p. 5:186.

[3]Leon Morris, *Evangelio según Juan* (dos volúmenes), de la serie *The New International Commentary on the New Testament*, Editorial Clie, Terrassa, Barcelona, España, 2005, p. 524 (del original en inglés).

[4]Charles F. Pfeiffer y Everett F. Harrison, editores, el *Wycliffe Bible Commentary*, Moody, Chicago, 1962, pp. 943-44.

[5]Lewis Sperry Chafer, *Systematic Theology*, Dallas Theological Seminary Press, Dallas, 1947, p. 5:21.

[6]Robert Anderson, *The Lord from Heaven*, James Nisbet, Londres, 1910, p. 5.

[7]Henry Barclay Swete, *The Gospel According to St. Mark*, Macmillan, Londres, 1898, p. 339.

[8]Irwin H. Linton, *The Sanhedrin Verdict*, Loizeaux Bros., Nueva York, 1943, p. 7.

[9]Charles Edmund Deland, *The Mis-Trials of Jesus*, Richard G. Badger, Boston, 1914, pp. 118-19.

Capítulo 3: ¿Señor, mentiroso o loco?

[1]C.S. Lewis, *Cristianismo... ¡y nada más!*, Editorial Caribe, Miami, FL, 1977, pp. 61-62.

[2]F.J.A. Hort, *Way, Truth, and the Life*, Macmillan, Nueva York, 1894, p. 207

[3]Kenneth Scott Latourette, *Historia del Cristianismo* (dos tomos), Casa Bautista de Publicaciones, El Paso, TX, 1960, 1966, pp. 44, 48 (del original en inglés).

[4]William E. Lecky, *History of European Morals from Augustus to Charlemagne*, D. Appleton, Nueva York, 1903, pp. 2:8-9.

[5]Philip Schaff, *History of the Christian Church*, Eerdmans, Grand Rapids, MI, 1962, p. 109.

[6]Philip Schaff, *The Person of Christ*, American Tract Society, Nueva York, 1913, pp. 94-95.

[7]Arthur P. Noyes y Lawrence C. Kolb, *Modern Clinical Psychiatry*, Saunders, Filadelfia, 1958 (quinta edición).

[8]Clark H. Pinnock, *Set Forth Your Case*, Craig Press, Nueva Jersey, 1967, p. 62.

[9]Gary R. Collins, citado en Lee Strobel, *El Caso de Cristo*, Editorial Vida, Miami, FL, 2000, p. 169.

[10]James T. Fisher y Lowell S. Hawley, *A Few Buttons Missing*, Lippincott, Filadelfia, 1951, p. 273.

[11]C.S. Lewis, *Los Milagros*, Rayo Books, un sello de HarperCollins Publishers Inc., Nueva York, NY, 2006, p. 113 (del original en inglés).

[12]Schaff, *The Person of Christ*, p. 97.

Capítulo 4: ¿Qué me dices de la ciencia?

[1]*The New Encyclopaedia Britannica*: Micropaedia, 15th ed., bajo la palabra «método científico».

[2]James B. Conant, *Science and Common Sense*, Yale University Press, New Haven, 1951, p. 25.

Capítulo 5: El problema del Nuevo Ateísmo

[1]Richard Dawkins, *El espejismo de Dios*, Espasa Calpe, S.A., Madrid, España, 2007, p. 58 (del original en inglés en su segunda edición con prólogo).

[2]Christopher Hitchens, *Dios no es bueno: La religión lo envenena todo*, Editorial Debate, Madrid, España, 2008, pp. 122, 5 (del original en inglés).

[3]De una carta a W. Graham (3 de julio de 1881), citada en Charles Darwin, *Autobiografía y cartas escogidas*, 1892, reimpresión, Alianza Editorial, S.A., Madrid, España, 1997.

[4]Paul Davies, «What Happened Before the Big Bang?» en *God for the 21st Century*, editor, Russell Stannard, Templeton Foundation Press, Filadelfia, PA, 2000, p. 12.

[5] John C. Lennox, *¿Ha enterrado la ciencia a Dios?*, Editorial Clie, Terrassa, Barcelona, España, 2003, pp. 22-25 (del original en inglés).

[6] Alfred North Whitehead, *La ciencia y el mundo moderno*, Editorial Losada, S.A., Buenos Aires, Argentina, 1949, p. 17 (del original en inglés).

[7] Citado en John C. Lennox, *¿Ha enterrado la ciencia a Dios?*, p. 20 (del original en inglés).

[8] Christopher Hitchens, *Dios no es bueno*, pp. 63-67 (del original en inglés).

[9] Sam Harris, *Carta a una nación cristiana*, p. 72 (del original en inglés).

[10] Christopher Hitchens, *Dios no es bueno*, p. 151 (del original en inglés).

[11] William A. Dembski y Sean McDowell, *Understanding Intelligent Design*, Harvest House, Eugene, OR, 2008.

[12] Anthony Flew y Roy Abraham Varghese, *There Is a God: How the World's Most Notorious Atheist Changed His Mind*, HarperCollins, Nueva York, 2007, p. 88.

[13] George M. Whitesides, «Revolutions in Chemistry», *Chemical & Engineering News* 85 (13), 26 de marzo de 2007, pp.12-17; disponible en línea en http://pubs.acs.org/cencoverstory/85/8513 cover1.html (accedido por última vez el 23 de abril de 2007).

[14] Sam Harris, *Carta a una nación cristiana*, p. 71 (del original en inglés).

[15] Richard Dawkins, *El relojero ciego*, RBA Coleccionables, S.A., Barcelona, España, pp. 17-18 (del original en inglés).

[16] Bill Gates, *Camino al futuro*, Mcgraw-Hill, Columbus, OH, 1996, p. 228 (del original en inglés).

[17] Richard Dawkins, *El espejismo de Dios*, p. 168 (del original en inglés).

[18] Anthony Flew y Roy Abraham Varghese, *There Is a God*, p. 132.

[19] Freeman J. Dyson, *Trastornando el universo*, Fondo de Cultura Económica USA, San Diego, CA, 1990, p. 250 (del original en inglés).

[20]Citado en Paul Davies, *El universo accidental*, Salvat Editores, Barcelona, España, 1986, p. 118 (del original en inglés).

[21]Paul Davies, *Cosmic Jackpot*, Houghton Mifflin, Nueva York, 2007, p. 149.

[22]Richard Dawkins, *El espejismo de Dios*, p. 258 (del original en inglés).

[23]Sam Harris, *El fin de la fe*, Editorial Paradigma, S.L., Madrid, España, 2008, p. 35 (del original en inglés).

[24]Dinesh D'Souza, *What's So Great About Christianity*, Regnery, Washington DC, 2007, p. 207.

[25]Dinesh D'Souza, *What's So Great About Christianity*, p. 214.

[26]David Berlinski, *The Devil's Delusion: Atheism and Its Scientific Pretensions*, Crown Forum, Nueva York, 2008, p. 26.

Capítulo 6: ¿Se puede confiar en la Biblia?

[1]Millar Burrows, *What Mean These Stones? The Significance of Archeology for Biblical Studies*, Meridian Books, Nueva York, 1956, p. 52.

[2]William F. Albright, *Recent Discoveries in Bible Lands*, Funk and Wagnalls, Nueva York, 1955,
p. 136.

[3]William F. Albright, *Christianity Today* 7, 18 de enero de 1963, p. 3.

[4]Sir William Ramsay, *The Bearing of Recent Discovery on the Trustworthiness of the New Testament*, Hodder and Stoughton, Londres, 1915, p. 222.

[5]John A.T. Robinson, *Redating the New Testament*, SCM Press, Londres, 1976.

[6]Simon Kistemaker, *The Gospels in Current Study*, Baker, Grand Rapids, 1972, pp. 48-49.

[7]A.H. McNeile, *An Introduction to the Study of the New Testament*, Oxford University Press, Londres, 1953, p. 54.

[8]Paul L. Maier, *First Easter: The True and Unfamiliar Story in Words and Pictures*, Harper & Row, Nueva York, 1973, p. 122.

[9]William F. Albright, *From the Stone Age to Christianity*, segunda edición, John Hopkins Press, Baltimore, 1946, pp. 297-98.

[10]Jeffery L. Sheler, *Is The Bible True*, HarperCollins Publishers, Nueva York, 1999, p. 41.

[11]Dan Brown, *El código Da Vinci*, Editorial Planeta, Madrid, España, 2010, p. 231 (del original en inglés).

[12]Chauncey Sanders, *Introduction to Research in English Literary History*, Macmillan, Nueva York, 1952, pp. 143ss.

[13]F.F. Bruce, *The New Testament Documents: Are They Reliable?*, InterVarsity, Downers Grove, IL, 1964, p. 16.

[14]Bruce Metzger, citado en Lee Strobel, *El Caso de Cristo*, Editorial Vida, Miami, FL, 2000, pp. 69-70.

[15]Correspondencia personal de Dan Wallace, 6 de enero de 2003.

[16]Jacob Klausner, citado en Will Durant, *Caesar and Christ: The Story of Civilization, tercera parte*, Simon and Schuster, Nueva Cork, 1944, p. 557.

[17]Sir Frederic Kenyon, *The Bible and Archaeology*, Harper & Row, Nueva York, 1940, pp. 288-89.

[18]Stephen Neill, *The Interpretation of the New Testament*, Oxford University Press, Londres, 1964, p. 78.

[19]Craig L. Blomberg, «The Historical Reliability of the New Testament», en William Lane Craig, *Reasonable Faith*, Crossway, Wheaton, IL, 1994, p. 226.

[20]J. Harold Greenlee, *Introduction to New Testament Textual Criticism*, Eerdmans, Grand Rapids, 1954, p. 16.

[21]J. Ed Komoszewski, M. James Sawyer, Daniel B. Wallace, *Reinventing Jesus*, Kregel, Grand Rapids, MI, 2006, p. 215.

[22]John Warwick Montgomery, *Where Is History Going?*, Zondervan, Grand Rapids: 1969, p. 46.

[23]Louis R. Gottschalk, *Understanding History*, Knopf, Nueva York, 1969, p. 150.

[24]John McRay, citado en Strobel, *El Caso de Cristo*, p. 97.

[25]Lynn Gardner, *Christianity Stands True*, College Press, Joplin, MO, 1994, p. 40.

[26]Norman L. Geisler, *Christian Apologetics*, Baker, Grand Rapids, 1988, p. 316.

[27]F.F. Bruce, *The New Testament Documents*, p. 33.

[28]Lawrence J. McGinley, *Form Criticism of the Synoptic Healing Narratives*, Woodstock College Press, Woodstock, MD, 1944, pp. 2, 5.

[29]David Hackett Fischer, *Historian's Fallacies: Toward a Logic of Historical Thought*, citado en Norman L. Geisler, *Why I Am A Christian*, Baker, Grand Rapids, 2001, 152.

[30]Robert Grant, *Historical Introduction to the New Testament*, Harper & Row, Nueva York, 1963, p. 302.

[31]Will Durant, *Caesar and Christ*, p. 557.

[32]Gottschalk, *Understanding History*, p. 161.

[33]Eusebio, *Historia Eclesiástica*, libro 3, capítulo 39.

[34]Ireneo, *Contra las Herejías*, p. 3.1.1.

[35]Joseph Free, *Archaeology and Bible History*, Scripture Press, Wheaton, IL, 1964, p. 1.

[36]F.F. Bruce, «Archaeological Confirmation of the New Testament», en *Revelation and the Bible*, editor, Carl Henry, Baker, Grand Rapids, 1969, p. 331.

[37]A.N. Sherwin-White, *Roman Society and Roman Law in the New Testament*, Clarendon Press, Oxford, 1963, p. 189.

[38]Clark H. Pinnock, *Set Forth Your Case*, Craig Press, Nutley, Nueva Jersey, 1968, p. 58.

[39]Douglas R. Groothuis, *Jesus in an Age of Controversy*, Harvest House, Eugene, OR, 1996, p. 39.

Capítulo 7: ¿Quién moriría por una mentira?

[1]Aunque el Nuevo Testamento no registra las muertes de estos hombres, las fuentes históricas y la antigua tradición confirman la naturaleza de sus muertes.

[2]Nota de la Traductora: En los tiempos bíblicos, *Jacobo* era un nombre muy popular y su equivalente es *Santiago*. Esto se debe a que el nombre de Santiago es la unión españolizada de las palabras latinas *Sanctus Iacobus*, que significan *San Jacobo*.

[3]Flavio Josefo, *Antigüedades de los Judíos*, xx, 9:1.

[4]J.P. Moreland, citado en Lee Strobel, *El Caso de Cristo*, Editorial Vida, Miami, FL, 2000, p. 288.

[5] Edward Gibbon, citado en Philip Schaff, *History of the Christian Church*, Hendrickson Publishers, Peabody, MA, 1996, capítulo 3.

[6] Michael Green, «Prefacio del Editor», en George Eldon Ladd, *I Believe in the Resurrection of Jesús*, Eerdmans, Grand Rapids, 1975, p. vii.

[7] Blaise Pascal, citado en Robert W. Gleason, editor, *The Essential Pascal*, traducción G.F. Pullen, Mentor-Omega Books, Nueva York, 1966, p. 187.

[8] J.P. Moreland, citado en Lee Strobel, *El Caso de Cristo*, Editorial Vida, Miami, FL, 2000, p. 286.

[9] Michael Green, *Man Alive!*, InterVarsity, Downers Grove, IL, 1968, pp. 23-24.

[10] Citado en J.N.D. Anderson, «The Resurrection of Christ», *Christianity Today*, 29 de marzo de 1968.

[11] Kenneth Scott Latourette, *Historia del Cristianismo* (dos tomos), Casa Bautista de Publicaciones, El Paso, TX, 1960, 1966, p. 1:59 (del original en inglés).

[12] N.T. Wright, *Jesus: The Search Continues*, la trascripción de este vídeo se puede leer al buscarla por «Jesus: The Search Continues» en el *Ankerberg Theological Research Institute*, sitio Web: www.johnankerberg.org.

[13] Paul Little, *Know Why You Believe*, Scripture Press, Wheaton, IL, 1971, p. 63.

[14] Herbert B. Workman, *The Martyrs of the Early Church*, Charles H. Kelly, Londres, 1913, pp. 18-19.

[15] Harold Mattingly, *Roman Imperial Civilization*, Edward Arnold Publishers, Londres, 1967, p. 226.

[16] Tertuliano, citado en Gaston Foote, *The Transformation of the Twelve*, Abingdon, Nashville, 1958, p. 12.

[17] Simon Greenleaf, *An Examination of the Testimony of the Four Evangelists by the Rules of Evidence Administered in the Courts of Justice*, Baker, Grand Rapids, 1965, p. 29.

[18] Lynn Gardner, *Christianity Stands Trae*, College Press, Joplin, MO, 1994, p. 30.

[19] Correspondencia personal de Tom Anderson, 6 de enero de 2003.

Capítulo 8: ¿Para qué sirve un Cristo muerto?

[1] *Encyclopedia International*, Grolier, Nueva York, 1972, p. 4:407

[2] Ernest Findlay Scott, *Kingdom and the Messiah*, T. & T. Clark, Edimburgo, 1911, p. 55.

[3] Joseph Klausner, *The Messianic Idea in Israel*, Macmillan, Nueva York, 1955, p. 23.

[4] Jacob Gartenhaus, «The Jewish Conception of the Messiah», *Christianity Today*, 13 de marzo de 1970, pp. 8-10.

[5] *Jewish Encyclopaedia*, Funk and Wagnalls, Nueva York, 1906, p. 8:508.

[6] Millar Burrows, *More Light on the Dead Sea Scrolls*, Secker & Warburg, Londres, 1958, p. 68.

[7] A.B. Bruce, *The Training of the Twelve*, Kregel, Grand Rapids, 1971), 177.

[8] Alfred Edersheim, *Sketches of Jewish Social Life in the Days of Christ*, Eerdmans, Grand Rapids, 1960, p. 29.

[9] George Eldon Ladd, *I Believe in the Resurrection of Jesús*, Eerdmans, Grand Rapids, 1975, p. 38.

Capítulo 9: ¿Te enteraste de lo que le ocurrió a Saulo?

[1] *Encyclopaedia Britannica*, bajo la palabra «Pablo, San».

[2] Jacques Dupont, «The Conversion of Paul, and Its Influence on His Understanding of Salvation by Faith», *Apostolic History and the Gospel*, editores W. Ward Gasque y Ralph P. Martin, Eerdmans, Grand Rapids, 1970, p. 177.

[3] *Encyclopaedia Britannica*, bajo la palabra «Pablo, San».

[4] *Ibidem*.

[5] Kenneth Scott Latourette, *Historia del Cristianismo* (dos tomos), Casa Bautista de Publicaciones, El Paso, TX, 1960, 1966, p. 76 (del original en inglés).

[6] W.J. Sparrow-Simpson, *The Resurrection and the Christian Faith*, Zondervan Publishing House, Grand Rapids, 1968, pp. 185-86.

[7] Dupont, «The Conversion of Paul, and Its Influence on His Understanding of Salvation by Faith», p. 76.

[8] Philip Schaff, *History of the Christian Church*, Eerdmans, Grand Rapids, MI, 1962, p. 1:296.

[9] *Encyclopaedia Britannica*, bajo la palabra «Pablo, San».

[10] Archibald McBride, citado en *Chambers's Encyclopedia*, Pergamon Press, Londres, 1966, p. 10: 516.

[11] Clemente, citado en Philip Schaff, *History of the Apostolic Church*, Charles Scribner, Nueva York, 1857, p. 340.

[12] George Lyttleton, *The Conversion of St. Paul*, American Tract Society, Nueva York, 1929, p. 467.

Capítulo 10: ¿Se puede controlar a un hombre bueno?

[1] Alexander Metherell, citado en Lee Strobel, *El Caso de Cristo*, Editorial Vida, Miami, FL, 2000, p. 226.

[2] John Dominic Crossan, *Jesus: A Revolutionary Biography*, HarperOne, Nueva York, 1995, p. 145.

[3] George Currie, *The Military Discipline of the Romans from the Founding of the City to the Close of the Republic*, un resumen de una tesis publicada bajo los auspicios de la *Graduate Council of Indiana University*, 1928, pp. 41-43.

[4] A.T. Robertson, *Word Pictures in the New Testament*, R.R. Smith, Nueva York, 1931, p. 239.

[5] Arthur Michael Ramsey, *God, Christ and the World*, SCM Press, Londres, 1969, pp. 78-80.

[6] James Hastings, editor, *Dictionary of the Apostolic Church*, C. Scribner's Sons, Nueva York, 1916, p. 2:340.

[7] Paul Althaus, citado en Wolfhart Pannenberg, *Jesus—God and Man*, traducción de Lewis L. Wilkins y Duane A. Priebe, Westminster Press, Filadelfia, 1968, p. 100.

[8] Paul L. Maier, «The Empty Tomb as History», *Christianity Today*, 28 de marzo de 1975, p. 5.

[9] Josh McDowell, *Evidencia que exige un veredicto*, Editorial Vida, Deerfield, FL, 1982, p. 244.

[10] David Friederick Strauss, *The Life of Jesus for the People*, Williams and Norgate, Londres, 1879, p. 1:412.

[11] J.N.D. Anderson, *Christianity: The Witness of History*, Tyndale Press, Londres, 1969, p. 92.

[12] John Warwick Montgomery, *History and Christianity*, InterVarsity, Downers Grove, IL, 1972, p. 78.

[13] Thomas Arnold, *Christian Life—Its Hopes, Its Fears, and Its Close*, T. Fellowes, Londres, 1859, p. 324.

[14] Brooke Foss Westcott, citado en Paul E. Little, *Know Why You Believe*, Scripture Press, Wheaton, IL, 1967, p. 70.

[15] William Lane Craig, *Jesus: The Search Continues*, la trascripción de este vídeo se puede leer al buscarla por «Jesus: The Search Continues» en el *Ankerberg Theological Research Institute*, sitio Web: www.johnankerberg.org.

[16] Simon Greenleaf, *An Examination of the Testimony of the Four Evangelists by the Rules of Evidence Administered in the Courts of Justice*, Baker, Grand Rapids, 1965, p. 29.

[17] Sir Lionel Luckhoo, citado en Lee Strobel, *El Caso de Cristo*, Editorial Vida, Miami, FL, 2000, p. 296.

[18] Frank Morison, *¿Quién movió la piedra?*, Editorial Caribe, Miami, FL, 1977.

[19] George Eldon Ladd, *I Believe in the Resurrection of Jesús*, Eerdmans, Grand Rapids, 1975, p. 141.

[20] Gary Habermas y Anthony Flew, *Did Jesus Rise from the Dead? The Resurrection Debate*, Harper & Row, San Francisco, 1987, p. xiv.

[21] Lord Darling, citado en Michael Green, *Man Alive!*, InterVarsity, Downers Grove, IL, 1968, p. 54.

Capítulo 11: ¿Se podría poner de pie el verdadero Cristo?

[1] Para una más completa discusión de la profecía de Daniel 9, lee Josh McDowell, *Nueva evidencia que demanda un veredicto*, Mundo Hispano/Casa Bautista de Publicaciones, El Paso, TX, 2005, pp. 197-201 (del original en inglés).

[2] Mateo atribuye el pasaje que cita en 27:9-10 al profeta Jeremías, pero el pasaje en realidad aparece en Zacarías 11:11-13. La aparente discrepancia se resuelve cuando comprendemos la organización del canon hebreo. Las Escrituras Hebreas estaban divididas en tres secciones: ley, escritos y profetas. Jeremías ocupaba el primer lugar en su orden de libros proféticos y, por

lo tanto, los eruditos hebreos a menudo encontraban una vía rápida aceptable para referirse a toda la colección de escritos proféticos por el nombre del primer libro: Jeremías.

[3]H. Harold Hartzler, del prólogo a Peter W. Stoner, *Science Speaks*, Moody, Chicago, 1963.

[4]Stoner, *Science Speaks*, p. 107.

[5]*Ibidem*.

Capítulo 13: Él cambió mi vida

[1]Edwin Yamauchi, citado en Lee Strobel, *El Caso de Cristo*, Editorial Vida, Miami, FL, 2000, p. 105.

[2]Bruce Metzger, citado en Lee Strobel, *El Caso de Cristo*, Editorial Vida, Miami, FL, 2000, p. 82.

¡Bienvenido a la
familia de Dios!

¡PÁSALO!

Si después de leer este libro aceptaste a Jesús como tu Salvador, firma abajo y luego comunica su mensaje al pasarle este libro a otra persona.

_____

_____

_____

_____

_____

_____

_____

_____

Por favor, cuéntanos tu historia a través de Facebook.
http://www.facebook.com/editorialunilit

RV-1960 Edición ECONOMÍA

- Más de 1.800 promesas marcadas en tono gris

Reclama las promesas de Dios

La Biblia es el éxito de librería por los siglos de los siglos. Un sin número de personas anhela su mensaje de esperanza, salvación y vida eterna. Aparte la Biblia nos habla acerca de temas importantes para nuestro crecimiento espiritual, nuestra vida práctica y muchas otras cosas que nos hacen mejores personas. Así que, le invitamos a experimentar la maravillosa riqueza de la Biblia.

Edición para mujeres
- 9780789923448

Edición para jóvenes
- 9780789923431

PASOS PARA LOS NUEVOS CREYENTES

Bill Bright

1. La aventura cristiana: Iniciando el emocionante viaje de la fe

¿Has estado viviendo en derrota espiritual, sin poder y sin la seguridad de si serás capaz de tener éxito como cristiano? Encuentra esperanza y disfruta de la aventura de una vida en Cristo plena, abundante, con propósito y fructífera.

2. El cristiano y la vida abundante: Concentrándose en nuevas prioridades

¿Qué es en realidad la vida cristiana? ¿Habrá algo más emocionante que lo que experimentamos ahora como cristianos? Adquiere un mejor entendimiento de la vida abundante y experimenta el poder de Dios para transformar tu vida.

3. El cristiano y el Espíritu Santo: Superando el desaliento y la derrota

¿Estás cansado de los altibajos de la vida cristiana? Experimenta el gozo de la vida sobrenatural y descubre cómo el poder transformador del Espíritu Santo puede ayudarnos a remontarnos sobre el desaliento y la derrota.

4. El cristiano y la oración: Descubriendo los secretos de una vida de oración eficaz

¿Cómo es tu vida de oración? La oración es una gran fuente de poder. Así que aprende la manera de apropiarte de este poder. Descubre el verdadero propósito de la oración.

5. El cristiano y la Biblia: Creciendo mediante el estudio de la Palabra de Dios

¿Qué es la Biblia para ti? La Biblia es el libro que puede cambiar tu vida para siempre. Nadie puede vivir una vida plena, abundante y sobrenatural sin extraer cada día de la fuente sobrenatural de la Palabra de Dios.

6. El cristiano y la obediencia: Viviendo diariamente en la gracia de Dios

¿Cuál es el secreto de pureza y poder como cristiano? La clave es rendirse a la voluntad de Dios y vivir cada día en su gracia y en obediencia a Él. Como resultado, recibimos muchas bendiciones personales y espirituales.

7. El cristiano y la evangelización: Trayendo palabras de esperanza al mundo que nos rodea

¿No estás testificando de tu fe porque te lo impide el temor? Aprende cómo testificar con eficacia, liberar el poder de Dios al testificar, reconocer que la oración te capacita para un testimonio fructífero, usar la Palabra de Dios al hablar de tu fe y saber que quien nos guía es el Espíritu Santo.

8. El cristiano y la mayordomía: Regocijándose en su abundancia, compartiendo sus recursos

¿Reserva Dios una bendición especial para los que dan con generosidad para su obra? ¿Sigue vigente hoy el «principio de la siembra y la cosecha»? Descubre el plan de Dios para tu vida financiera, el método para dejar de preocuparte por el dinero, la forma de confiar en Dios para tus finanzas y la aventura de dar por fe.

9. Explorando el Antiguo Testamento: Descubra el patrón de Dios de promesa y bendición

¿Es un misterio para ti el Antiguo Testamento? Aprende lo que quiere decir la Biblia al hablar de un tiempo de la ley y otro de la gracia, a la vez que conoces a los personajes principales en el drama del trato de Dios con la humanidad.

10. Explorando el Nuevo Testamento: Descubra el misterio del plan de Dios para usted

¿Es un misterio para ti el Antiguo Testamento? Aprende lo que quiere decir la Biblia al hablar de un tiempo de la ley y otro de la gracia, a la vez que conoces a los personajes principales en el drama del trato de Dios con la humanidad.

LIBROS QUE BENDECIRÁN TU VIDA

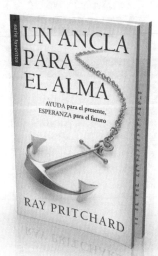

AYUDA para el presente, ESPERANZA para el futuro

Cuando se trata de conocer a Dios, todos estamos en diferentes lugares. *Un ancla para el alma* te ayudará en tu viaje. El primer paso para conocer a Dios es averiguar más acerca de quién es Él en realidad:

- *¿Cómo es Dios?*
- *¿Cómo puedo conocerlo?*
- *¿Cómo puedo encontrar la paz con Dios?*

Este libro, escrito con sencillez y claridad, te ayuda a responder las preguntas más difíciles...
y te da esperanza para un nuevo tipo de futuro.

Un ancla para el alma
Ray Pritchard
• **9780789920072**

MI PADRE ETERNO

Aquí encontrarás los mejores relatos de aventuras
de la Biblia, hermosamente ilustrado y escrito de forma
clara y sencilla en español internacional.
Estas historias captarán la atención del niño, a fin de
darle la mejor introducción a la Biblia. Sin duda, pueden
convertirse en los cimientos del alma... los cimientos
que conducen a la vida eterna.
Un poderoso recurso de evangelización y alcance
ilustrado a todo color.

¿Es Dios realmente mi padre?

Dra. Connie Palm

• 9780789922861

Acerca de Josh McDowell

Josh McDowell recibió una maestría en teología del Seminario Teológico Talbot en California. En 1964, comenzó a trabajar en Cruzada Estudiantil y Profesional para Cristo (CEPC). Más tarde, llegó a ser un conferenciante internacional itinerante de CEPC, tratando sobre todo los asuntos que afronta la juventud de hoy.

Josh les ha hablado a más de diez millones de jóvenes en ochenta y cuatro países. Ha hablado en más de setecientas universidades y colegios. Ha escrito todo, o parte, de más de setenta libros y libros de estudio con más de treinta y cinco millones de ejemplares impresos en todo el mundo. Los libros más populares de Josh son *Convicciones más que creencias, La nueva evidencia que demanda un veredicto, Manual para consejeros de jóvenes, Es bueno o es malo* y la serie de libros de estudio de *Es bueno o es malo.*

Josh ha estado casado con Dottie por más de treinta años y tienen cuatro hijos. Josh y Dottie viven en Dallas, Texas.